北方民族大学商学院博士文库

本成果受到"宁夏回族自治区电子商务培训基地"项目资助

契约型农产品交易关系稳定性研究：
基于渠道治理过程的视角

The Research of Stability of Trading Relationship
in Contractual Agriculture: Base on Perspective
of Channel Governance Process

田 敏 ◎著

经济管理出版社
ECONOMY & MANAGEMENT PUBLISHING HOUSE

图书在版编目（CIP）数据

契约型农产品交易关系稳定性研究——基于渠道治理过程的视角/田敏著. —北京：经济管理出版社，2017.1
ISBN 978-7-5096-4748-6

Ⅰ.①契…　Ⅱ.①田…　Ⅲ.①农产品贸易—研究—中国　Ⅳ.①F724.72

中国版本图书馆 CIP 数据核字（2016）第 280107 号

组稿编辑：杨国强
责任编辑：杨国强　张瑞军
责任印制：黄章平
责任校对：王淑卿

出版发行：经济管理出版社
　　　　　（北京市海淀区北蜂窝 8 号中雅大厦 A 座 11 层　100038）
网　　址：www. E-mp. com. cn
电　　话：(010) 51915602
印　　刷：北京九州迅驰传媒文化有限公司
经　　销：新华书店
开　　本：720mm×1000mm/16
印　　张：11.5
字　　数：202 千字
版　　次：2017 年 3 月第 1 版　2017 年 3 月第 1 次印刷
书　　号：ISBN 978-7-5096-4748-6
定　　价：48.00 元

前言

　　契约型农业自20世纪90年代初期由山东潍坊市率先提出后，被普遍认为是一种有效地帮助农户进入市场的方式，受到了政府、涉农企业、农户和学术界高度的关注。契约型农业在其内在激励机制和各级政府的大力扶持下，在全国各地迅速发展起来，但在发展过程中也出现了一系列问题，其中尤其是以渠道成员投机行为盛行带来违约率居高不下最为严重，有研究表明，订单的违约率甚至高达80%，这不仅严重影响了农民增收致富、收购商和农户参与契约型农业交易的积极性，以及契约型农业在解决"三农"问题上的作用和价值，也延缓了我国农业产业化进程。

　　目前，国内学术界对契约型农业交易关系治理的研究集中于营销渠道交易关系治理机制的设计和选择，对治理过程关注不足。特别是定量研究中，大多关注治理机制对渠道行为结果的直接影响，忽视了治理过程在维系交易关系稳定性和提升渠道绩效中的重要作用。然而，由于农产品独特的物理与生物属性，以及其生产周期长、易受自然条件等不可控因素影响等特性，使得收购商与农户事前签订的正式契约具有"注定"不完全性，这意味着需要从交易过程的角度关注契约等治理机制发挥作用的过程机制。与此同时，现有契约型农产品营销渠道交易关系研究中所存在的问题，在工业品营销渠道中同样存在。

　　首先，学术界对工业品渠道交易关系治理的研究局限于以契约为主的正式治理和以关系规范（Relational Norms）为主的非正式治理对渠道绩效及企业投机行为的直接影响，以及它们之间的互补或替代关系，忽视了从交易关系发展的全过程视角关注渠道治理问题。渠道治理是一个过程，不仅包括建构交易的过程，还包括维系交易的过程。现有研究集中于治理机制的建构方面，对关系发展过程中治理机制的监督和执行方面关注不足。在转型经济的中国市场环境下，环境的高度不确定性和保障契约执行的法律法规等正式制度尚不完善，使得作为主要的渠道治理机制——正式契约，不仅对交易的某些方面无法完全和详细地界定，而且在执行过程中的一致性及其有效性也受到制约。因而，采取何种渠道治理过程机制，保障正式契约机制在渠道交易关系过程中得到有效的执行，以及应对契约条款未预测到的事件，可能是影响渠道交易关系稳定性和渠道绩效的关键。

其次，关系规范作为渠道治理中常见的关系治理机制，界定了渠道成员应该如何对待对方的标准，但它并不是行为本身。因而，采取何种渠道治理过程机制，为关系规范达到影响渠道行为结果的预期目标提供行为活动媒介，也是影响关系治理机制发挥预期作用的重要因素。根据管理控制理论的研究文献，管理控制在应对无法预期的波动时更加具有弹性，可以根据当时情况规定如何完成组织目标的具体细节，更多地应用于交易建立后日常的交往过程中。因此，我们以契约型农产品营销渠道为研究背景，将收购商对农户的不同管理控制方式（生产结果控制、生产过程控制和生产能力控制）作为渠道治理过程机制，实证性地检验了管理控制在渠道治理机制（契约完备性和人际关系规范）对农户行为结果（农户投机行为和绩效）影响过程中的中介作用。此外，目前以中国营销渠道为背景的关系型治理的定量研究（无论是工业品营销渠道，还是农产品营销渠道），其理论和变量测量大多借鉴国外学者研究西方商业环境中关系营销理论及测量量表，这不能充分解释中国本土文化渠道背景下关系治理问题，特别是无法反映"熟人信任"的乡村社会中的人际关系对交易行为的影响。因此，本研究根据中国本土文化，与中国农村乡土人情结合，将中国本土人际关系规范作为一种关系治理机制，并在现有研究基础上修订形成新的人际关系规范量表，检验其对渠道治理过程及行为结果的影响。同时，研究考察了重要的外部环境因素——市场不确定性和内部关系因素——农户专有资产净投入，如何影响渠道治理机制与收购商管理控制之间的关系。

本研究的主要工作包括：

第一，通过对国内外渠道治理理论、农产品交易关系稳定性的相关研究进行系统回顾与评述，掌握了渠道治理和农产品交易关系稳定性的研究进展及现状。在文献梳理和理论背景回顾的基础上，从合理性和可行性两个方面对收购商对农户的管理控制作为渠道治理过程机制进行了分析，初步构建治理机制、管理控制、渠道行为结果、重要的环境/交易因素之间关系的理论框架，并形成若干命题与假设。

第二，研究遵循了标准的心理学量表开发过程，在借鉴工业品营销领域成熟量表的基础上，通过深入访谈关键信息人和专家意见两个环节设计了初始问卷。利用初始问卷进行预调查，并在预调查的基础上修订形成最终量表。

第三，以参与契约型农产品交易关系的农户一方为样本开展全国性大规模问卷调查。在调查数据的基础上，利用统计软件检验了治理机制对管理控制的直接影响，管理控制对农户行为结果的直接影响，管理控制在治理机制与农户行为结果关系之间的中介作用，以及市场不确定性和农户专有资产净投入对治理机制与管理控制之间关系的调节作用。

第四，结合实证研究结果，明确研究模型中变量之间的直接效应、中介效应和调节效应，并对研究假设结果进行深入分析和解释，总结相关研究结论。在此基础上，确定本书可能的创新点和理论贡献，以及相关的管理建议。最后，指出本研究中存在的局限以及未来的研究方向。

本研究的主要结论包括：

第一，契约完备性对管理控制具有显著的正向影响，其中，相对于生产结果控制和生产过程控制，契约完备性对农户生产能力控制影响更为显著。人际关系规范对管理控制也有显著的正向影响，其中，人际关系规范对农户生产结果控制的作用最为明显，对农户生产过程控制的作用次之，对农户生产能力控制的作用最弱。

第二，管理控制对农户投机行为和农户绩效有显著的直接影响。具体而言，收购商对农户的生产过程控制和生产能力控制水平越高，越有利于减少农户的投机行为。同时，收购商对农户实施三种控制方式都可以有效地提升农户绩效，其中，生产能力控制影响最为显著，生产过程控制的影响次之，生产结果控制的影响较弱。

第三，契约完备性和人际关系规范都可以通过生产过程控制和生产能力控制抑制农户的投机行为。同时，契约完备性和人际关系规范可以通过三种管理控制方式提升农户绩效，而且，在契约完备性对农户绩效影响过程中，不同管理控制方式影响作用略有不同，生产结果控制和生产过程控制起到部分中介作用，生产能力控制起到完全中介作用。

第四，高市场不确定性相较于低市场不确定性，不仅强化了契约完备性与收购商对农户生产过程控制之间的正向相关关系，而且放大了人际关系规范对农户生产结果控制和生产过程控制的正向影响。高农户专有资产净投入相较于低农户专有资产净投入，不仅削弱了契约完备性对生产结果控制、生产过程控制和生产能力控制的正向影响，而且对人际关系规范与收购商对农户的生产能力控制之间正向相关关系具有负向调节作用。

本研究的创新主要有以下三点：

第一，研究证实了在契约型农产品营销渠道中，收购商对农户的管理控制可以作为有效的渠道治理过程机制。这不仅弥补了现有渠道治理研究中对治理过程研究的不足，还有助于进一步明晰现有渠道治理机制对渠道行为结果的影响路径。同时，研究发现相同管理控制方式在不同治理机制路径中的中介影响，以及不同管理控制方式在相同治理机制路径中的中介影响都存在着差异，这对提升渠道治理理论具体解释过程的有效性和清晰度具有重要意义。

第二，本书将根植于本土文化的人际关系规范作为一种关系治理机制，并选择和形成能够体现中国人的关系文化要素的量表，实证性地检验了农产品收购商与农户之间的人际关系规范对渠道交易关系治理过程及结果的影响。这不仅扩展和丰富了渠道关系治理理论及其实证研究操作方法，也增强了关系治理理论的本土适用性。

　　第三，本研究证实了市场不确定性和农户专有资产净投入对渠道治理机制与收购商管理控制之间的关系有显著的调节作用，弥补了现有研究忽视了重要的环境/交易因素对治理机制与治理过程机制之间关系的调节影响，同时，也对增强我们了解在何种情况下会加强或削弱治理机制对治理过程机制的影响，以及实践中选择何种控制机制提供了依据。

目 录

第一章 引 言

第一节 问题的提出

1978 年以前，我国实行农副产品统购统销政策，由国家统筹规划农业生产和农产品分配，农民只负责具体的生产环节。1978 年以后，我国启动了两项重要的农村改革：农业家庭联产承包责任制和农副产品流通市场化。这两项改革使农户成为农业生产和农产品流通的基本组织单元，农民及其家庭不仅负责生产环节，同时生产什么、生产多少、生产出来的农产品如何销售及销售收益，也全部由农户自行决定和所有。这两项政策赋予了农户更多的自主性和更大的收益权，从而极大地调动了农户的生产积极性。然而，随着改革的深化，一些新的矛盾逐渐凸显出来，一方面，家庭联产承包责任制导致农村耕地细碎化、农业生产分散化和经营组织小农户化的格局；另一方面，流通体制改革带来了农产品交易的市场化，这使得"小农户"与"大市场"现象并存。长期以来，我国农民处于自给自足的生活状态，农产品市场发育相对不足且市场分割相对严重，面对现今瞬息万变的市场、不断起伏波动的农产品价格，小农户不仅缺乏有效规划和组织具有一定规模的农产品销售能力，还需要承担农产品价格波动带来的收益及损失风险。与工业品生产相比，农业生产要受到来自气候、土壤、生物等多方面不确定性带来的风险的影响，自古以来小农经济行为的主导动机是"避免风险"、"安全第一"（斯科特，2001），因此小农户参与农产品市场化流通的动力和能力都不足，这也使得"小农户"和"大市场"难以有效衔接的矛盾开始凸显并日趋严重。为了解决这一难题，1993年山东省潍坊市提出了农业产业化发展战略，通过一定的合约安排，将农民生产环节嵌入在他人经营过程中，从而有效地实现农业生产、加工和销售的产业链整合，这种带动小农户进入市场的方式受到了政府、涉农企业、农户和学术界高度的关注。在各种能够带动农户进入市场的经济组织及其与农户的联系机制中，"公司＋农户"及其拓展方式受到了极大的关注，在实践中这种组织方式被称为"订单农业"，也被称为"契约型农业"（张闯、徐健、夏春玉，2010）。契约型农业是农户和收购商[①] 在农户生产前签订购销合同，农户按照合同要求进行生产，收购商在农产品生产成熟时按照合同进行收购，农户和收购商共享合作剩余的一种农业产销模式。契约型农业具有规避价格风险和销售风险的功能而备受农民喜爱，也因可以减少交易费用和分散风险而受商人青睐（刘凤芹，2003），同时，它也是目前我国农户与各类中介组织[②] 合作，以及农业产业化利益联结的主要方式。截至2011年底，中国各类农业产业化经营组织总数达到28.42万个，带动1.12亿户农户，参与产业化经营的农户年均增收2477元。其中，通过合同关系联结带动农户的产业化组织17万个，占总数的59.8%，订单总额1.52万亿元[③]。

然而，契约型农业在实践的过程中，农户与收购商的交易关系并不稳定，渠道投机行为屡见不鲜，订单的违约率甚至高达80%，其中农户违约率更高，使农民和商人都有"望单兴叹"的感觉（刘凤芹，2003）。这不仅严重影响了农民增收致富，收购商和农户参与契约型农业交易的积极

---

①② 具体包括农产品流通加工企业、农业合作社、农业协会、农产品经纪人或中间商等。
③ 中国农业年鉴编辑委员会. 中国农业年鉴（2012）[M]. 北京：中国农业出版社，2012.

性，以及契约型农业在解决"三农"问题上的作用和价值，也延缓了我国农业产业化进程。

针对上述问题，国内学术界对契约型农业交易关系管理的研究主要来自两个方面：一是从经济学视角，特别是利用新制度经济学研究农产品交易制度安排、契约不完全、成本效率等（周立群、曹立群，2002；刘凤芹，2003；杨宜苗、肖庆功，2011；林强、叶飞，2014）；二是从经济社会学的角度出发，将社会交换理论和关系营销理论，以及营销渠道治理理论引入农产品交易关系的研究中，关注关系[①]对交易行为的影响研究（张闯、夏春玉、梁守砚，2009；万俊毅、欧晓明，2011；敖嘉焯等，2013；田敏、张闯、夏春玉，2014）。也有些研究同时关注了经济因素和社会因素对农产品交易关系稳定性的影响（万俊毅，2009；田敏、张闯，2010；陈灿，2013）。但是，现有研究中仍然存在一些重要问题有待进一步研究。首先，研究集中于农产品交易关系治理机制的设计和选择，对治理过程关注不足。特别是定量研究中，大多关注治理机制对渠道行为结果的直接影响，忽视了治理过程在维系交易关系稳定性和提升渠道绩效中的重要作用。农业是一个自然再生产和社会再生产两个相互交织的过程，决定了农业生产经营和交易过程的复杂性及不确定性要远远高于其他经济活动，使得收购商与农户事前签订的正式契约具有"注定"不完全性。同时，契约型农产品渠道权力严重失衡，以及当地政府出于保护农户弱势群体的考虑，促使农产品契约在出现违约时的法律执行更加困难。因此，在契约型农产品营销渠道中，需要对契约机制的执行和监督过程施加额外的影响和关注。其次，目前农产品营销渠道关系治理的定量研究，其理论基础和变量测量主要借鉴国外学者研究西方商业环境中的关系营销理论和测量量表（张春勋，2009；陈灿、罗必良，2010；陈灿，2012；敖嘉焯等，2013）。中国人的人际关系有着丰富的文化内涵，与西方学者所讲的关系概念并不完

---

① 这里有借鉴西方关系营销理论的研究，如敖嘉焯等（2013）；也有关注本土文化中关系（Guanxi）的定性研究，如张闯等（2009）。

全等同，这意味着单纯以西方关系理论为基础并不能充分解释中国乡村社会中人际关系的作用。

从本质上讲，契约型农业中收购商与农户的合作关系与工业品渠道成员间购销关系是类似的，在工业品营销渠道中交易关系不稳定（如渠道成员的投机行为）也是一种普遍现象，自20世纪80年代以来，渠道治理研究一直是营销研究的热点和关键问题之一（Wuyts & Geyskens，2005；Wang et al.，2013）。而且，现有契约型农产品营销渠道交易关系的研究所存在的问题，在工业品营销渠道中同样存在。首先，学术界对工业品渠道交易关系治理的研究局限于以契约为主的正式治理和以关系规范为主的非正式治理对渠道绩效和企业投机行为的直接影响，以及它们之间的互补或替代关系（Poppo & Zenger，2002；Wuyts & Geyskens，2005；Liu et al.，2009；庄贵军，2012a），忽视了从交易关系发展的全过程视角关注渠道治理问题。渠道治理是一个过程，不仅包括建构交易的过程，还包括维系交易的过程（Heide，1994；Gilliland et al.，2010；庄贵军，2012a）。现有研究集中于治理机制的建构方面，对关系发展过程中，治理机制监督和执行方面关注不足（Weitz & Jap，1995；Liu et al.，2009）。在转型经济的中国市场环境下，环境的高度不确定性和保障契约执行的法律法规等正式制度尚不完善，使得作为主要的渠道治理机制——正式契约，不仅对交易的某些方面无法完全和详细地界定（Li et al.，2010），而且在执行过程中的一致性及其有效性也受到制约（Stern et al.，1996；Antia & Frazier，2001；Sheng et al.，2011）。因而，采取何种渠道治理过程机制，保障正式契约机制在渠道交易关系过程中得到有效的执行，以及应对契约条款未预测到的事件，可能是影响渠道交易关系稳定性和渠道绩效的关键。其次，关系规范作为渠道治理中常见的关系治理机制界定了渠道成员应该如何对待对方的标准，但它并不是行为本身（Lusch & Brown，1996）。因而，采取何种渠道治理过程机制，为关系规范达到影响渠道结果的预期目标提供行为活动媒介，也是影响关系治理机制发挥预期作用的重要因素。

鉴于此，本书将管理控制作为渠道治理过程机制，重点考察其是否能保障正式契约机制和人际关系规范机制在渠道交易关系过程中达到对渠道行为结果影响的预期目的，即维持渠道交易关系稳定性和提升渠道绩效。此外，关系治理的本土化研究也是本书关注的重点问题。

第二节　研究问题与预期创新点

一、研究问题

本研究关注的问题主要包括以下三个方面：

首先，如上文所述，渠道治理过程可能是影响渠道交易关系稳定性和渠道绩效的关键，因此，我们以契约型农产品营销渠道为研究背景，将以契约治理为主的经济学视角和以关系治理为主的社会学视角同时纳入研究模型。从交易关系发展的全过程视角出发，即同时关注交易关系建构、交易关系的维系（执行和监督）过程和渠道行为结果。根据管理控制理论的相关文献，管理控制在应对无法预期的波动时更加具有弹性，可以根据当时情况规定如何完成组织目标的具体细节，更多地应用于交易建立后日常的交往过程中（Zhang & Zhou，2013）。在契约型农产品营销渠道中，渠道权力往往倾向于收购商一方，赋予了收购商对农户实施管理控制的能力（Zhou et al.，2012）。因此，我们将收购商对农户的管理控制作为渠道治理过程机制，实证性地检验现有治理机制（契约完备性和人际关系规范）如何通过收购商对农户的管理控制实现对渠道行为结果（农户投机行为和农户绩效）的影响。

与此同时，鲜有实证研究考察治理机制（契约机制和关系规范机制）对不同管理控制方式的直接影响，以及在农产品营销渠道中验证不同管理控制方式对渠道行为结果的影响。因此，本书还将检验治理机制对管理控制，以及管理控制对渠道结果的直接影响。

其次，学者们研究中国渠道背景下的关系型治理的定量研究（无论是工业品营销渠道，还是农产品营销渠道），其理论和变量测量大多借鉴国外学者研究西方商业环境中关系营销理论及测量量表（Li et al.，2009；张涛等，2010；陈灿和罗必良，2010；张闯等，2012；李苗等，2013；敖嘉焯等，2013），这在解释中国本土文化渠道背景下关系治理问题，特别是"熟人信任"的乡村社会中人际关系的作用时，存在明显不足。同时，由于关系治理概念过于宽泛，目前对关系治理测量也并未达成一致。有的研究测量的是关系状态（Wuyts & Geyskens，2005；Genctrurk & Aulakh，2007），有的研究测量的是关系行为（庄贵军等，2008；张闯等，2012），有的研究测量的是关系规范（Heide，1994；张闯等，2014），也有研究将关系状态、关系行为和关系规范中测量变量混合作为关系治理机制（Zhou et al.，2008）。但在这其中，关系规范最适宜作为渠道关系治理机制（Zhuang et al.，2010）。因此，本书根据中国本土文化，与中国农村乡土人情结合，将中国本土人际关系规范作为一种关系治理机制，并在现有研究基础上修订形成新的人际关系规范量表，检验其对渠道治理过程及行为结果的影响。

最后，现有研究忽视了重要的交易或环境因素对治理机制与治理过程机制之间关系的调节影响。渠道交易关系管理策略的选择是以特定环境而定（Heide & John，1990；Stump & Heide，1996），只有将治理结构与特定的交易特征或任务环境相匹配，才能提高绩效（Noordewier et al.，1990；Aulakh & Gencturk，2007）。本书选取了反映外部环境变化程度的变量——市场不确定性和内部交易关系程度的因素——农户专有资产净投入作为模型重要边界条件，实证性地考察它们对治理机制与收购商管理控制之间关系的调节作用。

二、预期创新点

第一，研究以契约型农产品营销渠道为背景，将收购商对农户的管理控制作为渠道治理过程机制，实证性地考察了对农户不同管理控制方式（生产结果控制、生产过程控制和生产能力控制）在渠道治理机制（契约完备性和人际关系规范）对农户行为结果（农户投机行为和绩效）影响过程中的中介作用，这不仅弥补了现有渠道治理研究中对治理过程研究的不足，还有助于进一步明晰现有渠道治理机制发挥预期作用（维系交易关系稳定性和提升渠道成员绩效）的影响路径。与此同时，本书考察相同管理控制方式在不同治理机制路径中的中介影响是否存在着差异，以及不同管理控制方式在相同治理机制路径中的中介影响是否存在着差异，这对提升渠道治理理论具体解释过程的有效性和清晰度具有重要意义。

第二，本书将根植于本土文化中的人际关系规范作为一种关系治理机制，并在现有研究的基础上修订形成新的测量量表，实证性地检验了农产品收购商与农户之间的人际关系规范对渠道交易关系治理过程及结果的影响，这不仅扩展和丰富了渠道关系治理理论及其实证研究操作方法，也增强了关系治理理论的本土适用性。

第三，本研究将反映外部环境变化程度的变量——市场不确定性和内部交易关系程度的因素——农户专有资产净投入作为模型重要边界条件，检验它们对渠道治理机制与收购商管理控制之间的关系的调节作用。这不仅弥补了现有研究忽视重要的环境/交易因素对治理机制与治理过程机制之间关系的调节影响的不足，也对增强了解在何种情况下会强化或削弱治理机制对治理过程机制的影响、为实践中选择何种控制机制提供了依据。

第三节　研究对象与研究视角

一、研究对象

本书以参与契约型交易的农户和收购商之间的渠道关系为研究背景，以单个农户与特定的收购商之间的购销关系为分析单元。与传统的市场型（现货）交易相比，契约型交易关系最明显的区别在于交易双方的权利和义务是由明确契约规定的。具体而言，在农户生产前，收购商或其代表与农户以书面的形式签订购销合同，约定生产与收购的产品种类、数量、评级标准、价格及双方的违约责任等事宜[①]。农户按照合同要求进行生产，收购者按照合同规定进行收购。因此，在契约型农产品营销渠道中，收购商和农户是独立的经济个体，是由契约关系作为交易关系的纽带和基础。

契约型交易是农业产业化的第一个环节，也是最为关键的一环。在农业产业化流程中，通过农户将农产品销售给农产品收购商这一环节，农产品从生产领域进入流通领域，再由流通领域进行不同程度加工，送达最终消费领域。可以看出，契约型交易环节为后续环节提供了原料来源，使得农产品实现了从产品到商品的价值转换，因此，它是农业产业化的起点和基础。

二、研究视角

与以往大部分契约型交易关系的研究倾向于从农户的出发点考察如何选择和管理交易关系不同（胡定寰等，2009；万俊毅、欧晓明，2011；田

---

① 有些契约比较简单，只约定产品评级标准。

敏等，2013），本书从农产品收购商的视角出发探讨如何更加有效地管理交易关系，主要是出于以下原因：

首先，农产品具有经验品和信任品的特性，使得收购商与农户之间存在着严重的信息不对称，其中，农户掌握着比收购商更多的农产品及生产信息。自古以来，小农经济行为的主导动机是"避免风险"、"安全第一"（斯科特，2001）。因此，处于波动农业中的小农户，是高度的风险规避者，看重眼前的利益，短期行为特征十分明显，所以收购商有必要对农户的行为进行管理控制。

其次，农产品收购商作为契约型交易关系的交易主体之一，其利益受到交易关系不稳定的严重侵蚀。刘凤芹（2003）曾指出，农户在契约型交易中的违约率要高于收购商。同时，笔者在2011年对宁夏相关农产品流通企业访谈中也发现，政府出于对农户弱势群体的保护，不仅不愿意受理农产品流通企业针对农户违约行为的诉讼，而且还劝说企业放弃追究农户赔偿。因此，应瑞瑶和郭忠兴（1998）曾提出应该看到企业是独立的商品生产者和经营者，在农业产业化经营中如果一味地强调保护农民利益而忽视企业利益，将影响到企业从事农业产业化经营的积极性。由此，本书从收购商的视角关注如何有效抑制农户的投机行为。

但是，本书研究落脚点仍然在"三农"上，即农户的收益是否增长是衡量契约型交易关系管理是否有效的根本标准。虽然研究视角是从收购商出发，但目的是促使双方共同获利，才能维持交易关系的长久稳定。

第四节　研究方法与本书的结构及各部分主要内容

一、研究方法

第一，演绎与推理研究方法。本研究以渠道治理理论和管理控制理论，以及农产品交易关系稳定性的现有研究成果为基础，对治理机制、管理控制、渠道行为结果、交易影响因素，以及它们之间的关系等问题进行演绎与理论推断分析，形成若干研究命题与假设。

第二，访谈法和专家意见法。由于本研究中大部分关键变量（如契约完备性、人际关系规范、管理控制、农户自测投机行为等）都难以获得直接应用于我国农产品营销渠道的成熟量表。因此，本书遵从标准的心理学量表开发过程设计了调研问卷（Churchill，1979；Anderson，1988），而访谈法和专家意见法是其中两个重要的定性研究方法。访谈的目的是更好理解所关注的现象如何在行业中生存和发展。本研究深度访谈了交易双方关键的信息人，有助于确定本研究的关键问题和实践价值，而且部分访谈的录音和笔记成为修订量表的主要依据。在问卷的设计中，我们与有农村生活经历或多年从事农产品流通研究的学者进行了反复多轮讨论，以确保问卷题项能够反映研究情境的特点并为调查对象所理解。

第三，问卷调查法。本书调查数据主要采用问卷调查方式收集，由于在农产品营销渠道中此种契约型渠道关系相对于传统的购销方式并不普遍，因此出于数据可获性和调查成本等方面的考虑，我们主要从参与契约型渠道关系的农户方面搜集数据。本书采用关键信息人（Key Informant）方法，请参与契约型渠道关系农户的户主或了解家庭生产详细信息的人填写问卷。调查数据主要通过调查员面对面访谈的方式获取研究的关键信息，这种方式被认为是在新兴市场（例如中国）中最可靠的数据收集方式（Zhou et al.，2008；Li et al.，2008；Dong et al.，2010）。为了保证问卷的回收率和问卷填写的质量，我们制定了一套针对调查员的筛选、培训和激励制度。同时，我们参照 Campbell（1955）对调查者选择的标准筛选关键信息人，即要求受访农户对调查现象熟悉，有能力并且愿意参与到调查研究中。

第四，统计分析方法。本研究在以参与契约型农产品交易关系的农户为样本开展大规模问卷调查，利用 SPSS20.0 和 AMOS17.0 等统计软件检验治理机制、管理控制，渠道结果和重要的环境/交易因素之间的关系，以验证研究假设。

二、本书的结构及各部分主要内容

本书的结构安排（见图 1-1），全书共分七章，各章节主要内容如下：

第一章 引言。从契约型农产品交易关系出现的历史背景到其在发展过程中出现的问题，引出现有渠道交易关系治理研究中的不足，即需要关注渠道治理过程的重要性。然后详细阐述研究关注的三个主要问题，以及研究这些问题的可能创新点。最后，简要介绍了研究对象、研究出发点和研究方法。

第二章 文献综述。通过对国内外渠道治理理论、农产品交易关系稳定性的相关研究进行系统回顾与评述，明确了渠道治理和农产品交易关系稳定性的研究进展和现状，为本书的研究提供了一个坚实的基础。在文献回顾的基础上，本章将进一步指出现有渠道治理研究的不足，从而明确需要关注渠道治理过程的必要性，以及关注关系治理的本土化和环境/交易因素对治理机制与治理过程机制之间关系调节影响可能的理论贡献。

第三章 理论背景与研究模型。本章先研究所涉及的理论基础——交易成本理论、契约理论、关系契约理论和关系（Guanxi）理论与渠道控制理论相关内容。然后在前期文献回顾的基础上，提出文章的研究模型，界定研究中的关键概念，并以从合理性和可行性两个方面对收购商对农户的

```
┌─────────────────┐
│   提出研究问题    │
└─────────────────┘
         │
┌─────────────────────────────┐
│      文献回顾与理论背景         │
│ ● 渠道治理理论                 │
│ ● 契约型农产品交易关系稳定性研究   │
│ ● 管理控制理论                 │
└─────────────────────────────┘
         │
┌──────────────────────────────────────────┐
│ 构建现有治理机制如何通过收购商对农户的管理控制进而影响农户行为  │
│ 结果，以及重要的环境/交易因素的调节作用的理论框架，形成研究假设  │
└──────────────────────────────────────────┘
         │
┌──────────────────────────────────────────┐
│                  实证检验                    │
│ ● 调查问卷的设计过程，以及变量的定义和测量         │
│ ● 人际关系规范量表形成过程                     │
│ ● 大规模问卷调查的开展                        │
│ ● 数据分析过程，假设的检验                     │
└──────────────────────────────────────────┘
         │
┌──────────────────────────────────────────┐
│                  结论与展望                   │
│ ● 归纳研究结果，确定可能的创新点和理论贡献         │
│ ● 为交易主体和相关部门提供稳定交易关系的管理建议     │
│ ● 局限和未来研究方向                         │
└──────────────────────────────────────────┘
```

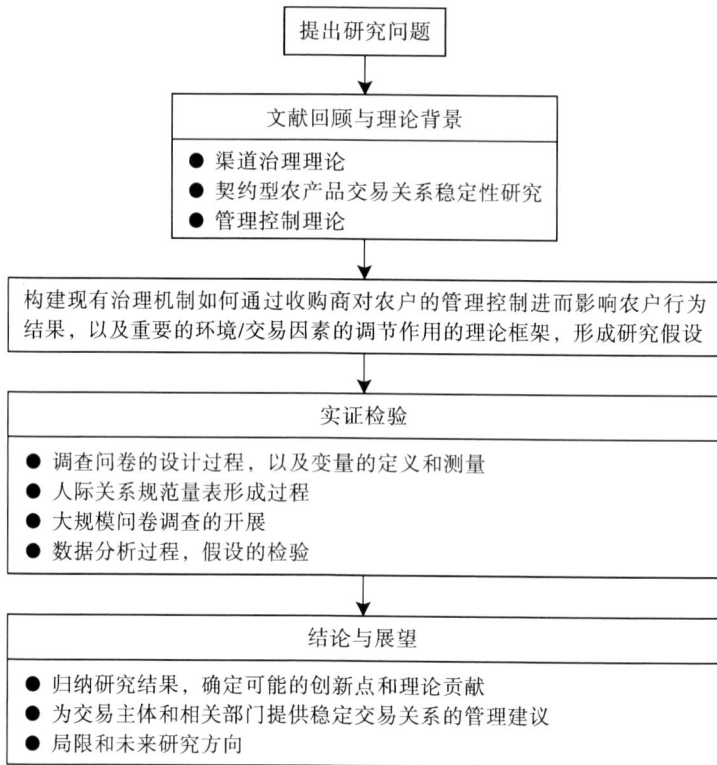

图 1-1　结构安排

管理控制作为渠道治理过程机制进行了分析。

　　第四章　研究假设。本章根据研究模型，即将收购商对农户的管理控制作为治理过程机制，研究治理机制对管理控制的直接影响，管理控制对农户行为结果的直接影响，以及管理控制在治理机制与农户行为结果关系之间的中介作用；重要的环境/交易因素对治理机制与管理控制中间关系的调节作用，并形成若干研究假设。

　　第五章　研究设计与假设检验。首先，介绍问卷的设计过程，以及变量的定义和测量，随后详细描述人际关系规范量表的形成过程。其次，说明正式调查问卷样本与数据收集过程，包括实地调研的组织和实施，问卷回收过程。最后，详细介绍数据分析过程，揭示主效应变量之间相关关系、中介作用和调节关系是否成立。

第六章 结果讨论。本部分将结合实证研究结果，明确研究模型中变量之间的直接效应、中介效应和调节效应，对研究假设结果进行深入分析和解释，总结相关研究结论。

第七章 总结与展望。根据现有研究结果，确定本书可能的创新点和理论贡献，并为渠道交易关系管理，特别是契约型农业交易主体和政府有关部门提供一些有价值的管理建议。此外，还将指出本研究中存在的局限性以及未来的研究方向。

第二章 文献综述

西方学者对渠道治理研究始于 20 世纪 80 年代，经过 30 多年的发展，这一领域的成果日渐丰富，渠道成员间关系的治理迅速成为营销渠道研究的中心范式（Heide，1994）。交易成本理论和关系契约理论是对渠道治理研究影响最大的两大理论基础（Ferguson et al.，2005；Heide & Wathne，2006）。其中，交易成本理论认为渠道成员是具有先天的投机倾向，有限理性且追求自我利益最大化的主体，强调使用正式契约（Formal Contract）管理交易关系（Williamson，1996），而关系契约理论认为交易是嵌入在复杂的社会关系当中的，强调成员间的相互信任和共享的行为规范对交易关系的治理作用（Heide & John，1992；Liu et al.，2009）。本章将对以契约理论为主的正式治理和关系治理为主的非正式治理，以及其复合形式的治理研究进行系统、全面的回顾和梳理，从而为本书的研究提供一个坚实的基础。此外，在文献回顾的基础上，本章进一步指出现有渠道治理研究的不足，从而明确了本书的研究方向。

第一节 渠道治理的界定

"治理"（Governance）最早源于古拉丁文和古希腊语中的"掌舵"一

词，意指控制、引导和操纵等行为或行为方式，主要用于与国家公共事务相关的宪法或法律的执行问题（庄贵军，2012a）。渠道治理理论最早产生于新制度经济学中的交易成本理论，交易成本理论最早将治理宽泛地定义为组织交易的方式或支持经济的制度框架（Coase，1937；Williamson & Ouchi，1981）。著名营销学者 Heide（1994）从交易关系发展过程定义了治理，他认为治理是一个过程，是一个包括交易关系建立、维持和结束的多维度概念。从本质上讲，治理包括交易关系建构要素及其监督和执行方面。庄贵军（2012a）在 Heide（1994）的基础上进一步清晰地将其定义，他提出渠道治理是建立、维持和结束渠道交易关系的约定或制度安排（Institutional Arrangements），以及参与者对约定（即合同或不言自明的规则）的监督和执行过程。

因此，渠道治理包括治理机制的建构及其监督和执行过程，由此本书认为治理过程是指交易关系建立后至关系结束前这段时间内，如何应用治理机制管理交易关系，即治理机制的监督和执行过程。

渠道治理机制是用来协调交易关系的工具（Heide，1994）。在交易成本理论最初的理论框架中，治理机制包括市场机制和科层机制两种形式。随后，威廉姆森（1985a）提出治理结构在市场机制与科层机制中间，可以通过非产权和非一体化的形式实现内部化交易，即混合治理机制（Hybrid Governance）（Rindfleisch & Heide，1997），因此，治理机制可分为市场机制、科层机制（一体化机制）和混合治理机制三种形式。其中，混合治理机制是一个包含多种异质治理机制的集合，具体机制包括契约机制、关系规范机制、渠道成员选择机制、监督机制、质押（专用性投资）等（高维和，2007a）。

第二节　国内外渠道治理研究现状综述

一、契约机制

正式契约是组织行为的基础（Rousseau & Park，1993），包括使用契约和契约执行两个方面[①]（Antia & Frazier，2001）。在渠道治理研究领域，有关契约机制的实证研究主要从两个方面展开：一是正式（明确）契约或契约机制的影响因素；二是正式契约或契约机制的影响作用。

（一）契约机制的影响因素

契约机制的影响因素主要包括以下几个方面：

（1）交易因素。Poppo 和 Zenger（2002）研究发现，专有资产、绩效模糊对契约完备性有显著的正向影响，技术变化对契约完备性有显著的负向影响，但技术变化和绩效模糊的交互作用对契约完备性有显著的负向影响。Mooi 和 Ghosh（2010）研究发现，购买商被专用资产锁定、交易的复杂程度对契约明晰程度有显著的正向影响，也发现绩效模糊对契约的明晰程度有显著负向影响，但 Zhou 等（2008）使用中国转型经济渠道背景下发现制造商的专有资产对其使用详细契约没有显著的影响。此外，Aulakh 和 Gencturk（2007）在进出口渠道中发现产品标准化、出口商市场经验和出口强度对契约正式化程度有显著的正向影响。

（2）关系因素。Ferguson 等（2005）研究发现，银行理财经理与客户的亲密关系对契约治理有显著的正向影响。同时，关系长度却不是选择正

[①] 使用契约和契约执行是两个单独的事件，但它们可能是相互联系的，如明确契约中可能包括对违约行为的反应（Antia & Frazier，2001）。

式契约的影响因素（Aulakh & Gencturk，2007；Li et al.，2010）。

（3）渠道关系结构因素。很多实证研究发现渠道成员之间依赖结构对使用正式契约有显著的正向影响，比如，Lusch 和 Brown（1996）研究发现，供应商更多地依赖于分销商时，将更多地使用明确契约来管理交易关系；高度的双边依赖将促使双方更多地使用关系契约，但并没有减少明确契约来管理交易关系。Aulakh 和 Gencturk（2007）发现，出口商对进口商的依赖对契约正式化有显著的正式影响，Cai 等（2009）在中国市场环境下也发现依赖对使用正式契约有显著的正向影响。

（4）组织文化因素。Wuyts 和 Geyskens（2005）研究证实了 Hofstede（2001）提出的组织文化三个维度——不确定性规避、集体主义和权力距离都对使用详细契约有显著的正向影响，即不确定性规避程度越高、集体主义越强，权力距离越大，越倾向于使用详细契约。

（5）环境因素。Gundlach 和 Achrol（1993）研究发现，相对于不确定的环境，企业在确定环境中更多使用明确契约，但 Zhou 等（2008）使用中国制造商的数据发现，不确定性对制造商使用详细契约有显著的正向影响。

以下研究关注了影响契约执行的因素。Antia 和 Frazier（2001）探讨了渠道系统因素（专有资产、环境波动性和交易的重要性）、网络因素（网络密度和网络中心性）以及双边因素（关系主义、依赖不对称、依赖总量）对契约执行的影响。研究发现，在渠道系统因素中，特许商投入的专有资产和交易的重要性对其契约执行有显著的正向影响（即契约执行越严厉），但环境波动性的影响不显著。在网络因素中，受许商的网络密度、网络中心性对特许商契约执行有显著的负向影响，同时，受许商网络密度越高，交易的重要性与特许商契约执行性之间正向相关关系越被削弱；受许商网络中心性越高，交易的重要性与特许商契约执行性之间正向相关关系越被强化。在双边因素中，依赖总量、依赖不对称对特许商契约执行有显著的正向影响，关系治理对特许商契约执行有显著的负向影响，同时，当特许商在渠道系统中投入的专有资产越多，关系治理与特许商契约执行之间的负向相关关系被削弱。Mooi 和 Gilliland（2013）关注了契约内容对契约执行的影响，研究发现契约内容中涉及如何保护交易的细节（如交易保护、服务和保证）会提升契约执行的使用，契约内容中涉及如何维护关系会降低契约执行的使用。

（二）契约机制的影响作用

作为一种正式的治理机制，契约机制的选择主要以交易成本经济学为依据。因此，现有大部分研究关注契约机制影响作用主要包括以下两方面。

一是正式契约对绩效的影响。大部分研究发现正式契约能够显著提升交易绩效，例如，Ferguson等（2005）研究发现，银行使用契约治理对银行总体绩效有显著的正向影响；Yu等（2006）研究发现，台湾的制造商与大陆供应商之间使用正式契约能够提高制造商绩效；Aulakh和Gencturk（2007）在进出口环境中发现契约正式化对出口商的绩效有显著的正向影响；Liu等（2009）使用中国家电行业制造商和分销商双边数据和张闯等（2014）使用中国多行业的数据都发现正式契约能够显著提高绩效。但也有研究发现，正式契约对提升绩效没有显著影响，如Lusch和Brown（1996）实证研究发现，明确契约对分销商的绩效没有显著的正向影响。二是契约机制对渠道投机行为的影响。其中，一些研究发现契约机制对渠道绩效有显著抑制投机行为，如Liu等（2009）使用中国制造商和分销商双边数据证实了正式契约有助于抑制双方的投机行为。然而，也有一些研究发现，正式契约对投机行为没有抑制作用（Achrol & Gundlach，1999；Cavusgil et al.，2004；Wuyts & Geyskens，2005）。

造成以上差异结论可能有以下几方面原因：

（1）环境（交易）不确定性使得事前制定的契约内容与实际操作情况差异较大，降低了契约的有效性。Cannon等（2000）研究发现，当市场波动性和分销商专有资产（或任务模糊和分销商专有资产）高时，详细契约对供应商绩效没有显著影响；当市场波动性和分销商专有资产（或任务模糊和分销商专有资产）低时，详细契约则有助于提高供应商的绩效。Aulakh和Gencturk（2007）也发现，进口国的宏观环境不确定性（如汇率、通货膨胀等因素）对契约正式化程度与出口商绩效之间正相关关系有显著的负向调节作用。

（2）制度环境制约了契约执行，从而降低了契约机制的效果。Cavusgil 等（2004）在进出口环境中发现，当法律环境对立程度低（出口商所在国法律与分销商所在国法律相比）时，正式契约对分销商的投机行为都有显著的抑制作用，当法律环境对立程度高（出口商所在国法律与分销商所在国法律相比）时，正式契约促进了分销商的投机行为。Aulakh 和 Gencturk（2007）研究发现，法律环境不确定性对契约正式化程度与出口商绩效之间正相关关系有显著的负向调节作用。高维和等（2007b）在中国转轨经济的渠道背景下，研究发现法律、环境的适宜程度对于渠道投机的治理具有显著的影响。对于相对固定的正式契约，法律环境越不规范，其作用越不明显。

（3）交易关系发展的不同阶段（建立、探索、成熟和衰退）影响作用的不同。如 Jap 和 Ganesan（2000）研究发现，在关系探索阶段，明确契约强化了零售商专有资产与零售商感知到的供应商的承诺之间的负向相关关系；在关系衰退阶段，明确契约减弱了零售商专有资产与零售商感知到的供应商的承诺之间的负向相关关系；在关系建立和成熟阶段，调节效应不显著。

（4）正式契约对结果变量的影响路径上存在着某些中介机制，比如，感知公平（分配公平和程序公平）（Poppo & Zhou，2014）。

从以上研究可以看出，交易发展过程中的变化（环境/交易/制度不确定性、关系发展不同阶段）可能是影响契约机制执行效果的关键。由此，一些学者也开始关注契约机制与交易过程之间的互动影响。如 Mooi 和 Ghosh（2010）提出，渠道成员会选择一定的契约明晰程度，使得事前签订契约成本和事后执行的成本最为经济，而且契约实际观测到的明确程度与预测明确程度之间的偏差是决定交易成本的重要因素。研究发现，预测契约的明晰度超出实际观察到的契约明晰度，提高了事前的契约制定成本，但降低了事后的交易成本；预测契约的明晰度低于实际观察到的契约明晰度，降低了事前的契约制定成本，但是提高了事后的交易成本。Kashyap

等（2012）探讨了事前契约（契约完整性、单边契约）与事后监督和执行努力之间的替代关系。研究发现，契约完整性与过程监督有替代关系，与结果监督、执行努力之间的替代关系不成立。单边契约与过程监督是互补关系，与执行努力是替代关系，也对结果监督影响不显著。此外，Mooi 和 Gilliland（2013）研究发现，（契约）执行对交易方满意度的影响取决于执行与交易特征的匹配程度，即匹配情形下契约执行促进交易方的满意。

二、关系治理机制

组织间交易是典型的嵌入在社会关系中的重复性交易（Poppo & Zenger，2002），因此，关系治理机制作为渠道治理中的非正式治理机制受到了广泛的关注。在渠道治理研究领域，关系治理机制的实证研究主要从两个方面展开：一是关系治理机制的影响因素；二是关系治理机制的影响作用。

（一）关系治理机制的影响因素

在以往的研究中，关系治理机制的影响因素主要包括以下几个方面：

（1）交易因素。Poppo 和 Zenger（2002）研究发现，技术不确定性对关系治理有显著的正向影响，专有资产对关系治理正向影响不显著，但专有资产和技术变化的交互影响对关系治理有显著的促进作用。Sheng 等（2006）的研究发现，零售商投入的专有资产和决策不确定性对其感知到的供应商关系治理有显著负向影响，而 Zhou 等（2008）使用中国制造商的数据发现，制造商的专有资产投资对其使用关系治理有显著的促进作用。

（2）关系因素。关系治理的理论基础主要来自社会交换和关系契约理论，因此，大量的实证研究证实了关系因素对关系治理具有显著正向影响。比如，Gundlach 和 Achrol（1993）研究发现，关系互动增进了关系治理；Lusch 和 Brown（1996）研究发现，分销商与供应商之间具有更多的长期导向，对使用关系契约有显著的正向影响；Ferguson 等（2005）证实了银行理财经理与客户之间亲密关系对关系治理有显著促进作用；Li 等（2010）发现，合作关系长度对国内企业与国外企业合作中使用关系治理有显著的正向影响。张闯等（2012）发现，供应商与分销商之间的关系强度有助于渠道成员采用关系治理。李苗等（2013）研究发现，企业间关系质量对关系治理具有显著的促进作用。

（3）渠道关系结构因素。现有研究发现，双边依赖能够显著促进关系治理（Heide，1994；Lusch & Brown，1996；Cai et al.，2009），单边依赖能够促进关系治理（Genctrurk & Aulakh，2007），或没有减少使用关系契约来管理交易关系（Lusch & Brown，1996），或者是降低关系治理的使用（Heide，1994）。

（4）组织文化因素。比如，Wuyts 和 Geyskens（2005）研究发现，集体主义对关系治理有显著的正向影响。

（5）外部环境因素。Wuyts 和 Geyskens（2005）研究发现，环境不确定性对关系治理（亲密的伙伴关系）没有显著影响，Ryu 和 Eyuboglu（2007）研究发现，环境不确定性对关系规范有显著的负向影响，而 Zhou 等（2008）却发现，不确定性对其使用关系治理有显著的促进作用。

（6）其他因素。张涛等（2010）研究发现制造商的 IT 技术能力和 IT 人员能力有助于其与分销商采用关系治理方式。

从上面分析可以看出，在关系治理的影响因素研究中，除了关系因素得到了相对一致的结论，其他的影响因素（交易因素、关系结构因素、外部环境因素）得到的结论都存在着差异，造成上述情形的原因可能有以下两种：

（1）测量的渠道环境不同，如 Poppo 和 Zenger（2002）测量的是高新产业环境，Sheng 等（2006）测量的是国外农具营销渠道，Zhou 等（2008）测量的是中国转型经济渠道背景。

（2）关系治理机制测量维度不同，如 Heide（1994）关系治理测量的是弹性，Poppo 和 Zenger（2002）关系治理构成包括公开沟通、信息分享、信任和合作，Sheng 等（2006）关系治理测量维度包含信任、忠诚和共同的价值观，Zhou 等（2008）测量的关系治理是由合作规范、信息分享和共同行动所构成。

（二）关系治理机制的影响作用

在以往的实证研究中，关系治理机制影响作用可以分为两种类型：一是探讨关系治理机制对渠道行为结果的直接影响；二是将关系治理机制作为渠道关系情境变量，考察其如何调节影响其他治理机制与渠道行为结果之间的关系。其中，前者主要关注关系治理以下两方面的作用结果：

（1）关系治理机制对渠道绩效、满意等结果变量的影响作用，而且大多数研究结果证实了关系治理能够显著提升渠道绩效（Ferguson et al.，2005；Genctrurk & Aulakh，2007；Ryu & Eyuboglu，2007；Cai et al.，2009；Liu et al.，2009），或增进渠道成员感知满意和承诺（Jap & Ganesan，2000）以及提高专有资产投入（Yu et al.，2006）。但 Lusch 和 Brown（1996）研究发现，更多的关系治理（弹性、信息分享和团结），并不意味着分销商的绩效提高，而 Li 等（2008）研究发现，关系治理对中国国内企业的绩效有显著的正相关关系，对国外企业而言，关系的使用对企业绩效呈倒 U 形关系，即关系和企业绩效正向关系达到一个峰值后，关系程度越高，企业绩效反而越低。与之类似，Zhou 等（2014）使用国内企业的数据，也发现制造商与供应商之间的关系对制造商获取供应商复杂知识作用呈倒 U 形关系。

（2）关系治理对渠道投机行为的影响。有的研究发现，关系治理能够显著抑制渠道成员的投机行为（Achrol & Gundlach，1999；Brown et al.，2000；Cavusgil et al.，2004），但 Wuyts 和 Geyskens（2005）研究发现，渠道成员间亲密关系对交易投机行为呈 U 形影响，即在关系初期到一定阶段对投机有抑制作用，但关系进一步亲密时，对投机有促进作用，而庄贵军等（2008）和张闯等（2012）的研究发现，关系型治理与渠道伙伴之间的投机行为并无显著的相关关系。

造成以上差异结论的原因有可能是在交易发展过程中，外部环境变量或其他条件影响了关系治理的有效性。例如：

（1）环境不确定性。Noordewier 等（1990）和 Li（2008）研究发现，在高不确定环境下，关系治理对购买绩效有显著的正向影响，在低不确定环境下，关系治理对绩效的影响不显著，但 Cannon 等（2000）、Genctrurk 和 Aulakh（2007）的研究却发现，无论不确定性高低，关系规范都对绩效有显著的正向影响。

（2）竞争强度。Li 等（2008）研究发现，无论国内还是国外的企业，竞争强度减弱了关系治理与企业绩效之间的正向相关关系。与此类似，Zhou 等（2014）研究发现，竞争强度强化了关系对制造商获取供应商复杂知识的倒 U 形作用。

（3）交易关系发展的不同阶段（建立、探索、成熟和衰退）影响作用的不同。Jap 和 Ganesan（2000）的实证研究发现：在关系探索阶段，关系规范强化了零售商专有资产与零售商感知到的供应商的承诺负向关系；在关系建立和衰退阶段，关系规范减弱了零售商专有资产与零售商感知到的供应商的承诺负向关系；在关系成熟阶段，调节效应不显著。

（4）关系治理对结果变量的影响路径上存在着某些中介机制，比如，依赖和长期导向（Joshi & Stump，1999）。此外，关系治理的不同构成维度也可能是产生不同研究结果的原因，Lusch 和 Brown（1996）测量的是弹性、信息分享和团结，Wuyts 和 Geyskens（2005）关注的是亲密的伙伴关系，Genctrurk 和 Aulakh（2007）测量的是信任、承诺和弹性，庄贵军等（2008）和张闯等（2012）的关系治理由共同制定计划和共同解决问题构成。

另外，在关系治理机制作为渠道关系情境变量的研究中，大多数研究关注关系治理作为社会规范的积极作用。Heide 和 John（1992）发现，关系规范（弹性、信息分享、团结）增强了专有资产投资方对投资接收方决策的控制。Rokkan 等（2003）研究发现，当关系治理（关系延续、团结规范）程度低时，专有资产对投机行为有显著正向影响（剥夺效应）；当关系治理程度高时，专有资产对投机行为有显著负向影响（绑定效应）。Vazquez 等（2007）使用双边数据发现，双方关系规范对分销商的专有投资与供应商的投机行为之间的正相关关系有减弱效应，对供应商的专有投资与分销商的投机行为之间的正相关关系没有减弱效应，却有促进作用。Heide 等（2007）研究发现，当社会契约水平高时，行为监督对供应商的投机行为有显著的抑制作用，但当社会契约水平低时，行为监督对供应商的投机行为有显著的促进作用。

此外，关注中国文化中关系的作用也是近年来研究中国渠道背景下的关系治理的热点问题。现有研究大致可以分为两类：一类是许多学者采用社会资本的观点，将关系概念化为强关系（Stong Ties）和弱关系（Weak Ties），或商业关系（Business Ties，Business Guanxi）和政治关系（Political Ties，Political Guanxi），考察企业的上述关系与渠道绩效的联系，而且大多数研究证实关系对渠道绩效有显著的促进作用（姜翰、金占明，2008；Li et al.，2008；Sheng et al.，2011）；另一类是考察渠道成员间私人关系对组织间关系或渠道行为结果的影响，如庄贵军（2008）研究发现，企业边界人员之间的私人关系（工具性关系和情感性关系）对企业与其渠道伙伴的关系治理（共同解决问题）有显著的正向影响。董维维和庄贵军（2013）的研究结论也与之类似。同时，一些学者也开始关注中国文化中一些特殊现象在关系治理中的作用，如张闯等（2014）将人情作为一种中国市场中的渠道关系治理机制，研究发现渠道关系中的人情有助于提升渠道绩效。

三、复合治理研究

在渠道治理研究的发展过程中，越来越多的学者关注到多种治理机制及其复合形式，主要是基于以下两点原因：一是交易关系嵌入在复杂的经济、社会和政治结构中，治理结构经常需要以市场、社会和权威为基础的多种混合治理机制，而非将其中某一类排除在外（Cannon、Achrol & Gundlach，2000；Zhang & Zhou，2013）。二是每一种治理机制对关系都有其独特的正面影响或负面影响，同时使用多种治理机制是利用它们不同的影响（Jap & Weitz，1995）。目前，学者们围绕以契约治理为主的正式治理机制和以关系规范为主的非正式治理机制的复合治理研究形成了两大对立流派：互补观和替代观。

（一）复合治理的互补观

如前文所述，因为每一种治理机制对交易关系都有独特正面影响或负面影响，这意味着每一种治理机制在治理过程中都可能存在不足，同时使用多种不同治理机制就是利用它们不同的影响，相互取长补短，互为补充。

在以往的研究中，学者们认为契约机制和关系治理机制的互为补充作用体现在以下两个方面：

（1）明确契约通过契约条款界定了双方的权利和义务，为交易关系奠定了基础（Gundlach & Achrol，1993），促进交易关系的长期性（Aulakh & Gencturk，2007）。然而，正式契约不足之处在于无法恰当地描述和管理计划协议，特别是长期关系或波动环境下，受制于人们表述，或者预见和解释未来发生的事情的能力，不可能预测到所有未来发生的事情（Macneil，1980；Achrol & Gundlach，1999；Cannon、Achrol & Gundlach，2000），也就是无论契约如何明确，交易的特定维度也是不可能完全界定的（Wuyts & Geyskens，2005）。同时，涵盖很多可能发生的事情的契约可能过于复杂，并降低了成员之间的灵活性（Jap & Ganesan，2000），而关系治理通过共享的价值观和行为规范为交易双方创造了一个和谐友好的交易氛围，有利于双方的协调和沟通，提高了关系的适应能力，有助于正式契约的完善和补充（Cannon、Achrol & Gundlach，2000；Poppo & Zenger，2002；Liu et al.，2009）。

（2）Williamson（1985b）认为契约执行力度不足是契约机制存在的严重的问题，而交易所嵌入的关系文化可以弥补这一不足。这也就意味着任何契约能够真正有效，必须要辅助一定程度的社会执行。同时，关系治理的执行主要是依靠社会制裁来约束交易方行为，缺乏强制力，而法律契约是依靠法律制度保障契约的强制执行（Zhang & Zhou，2013），很多时候契约惩罚要比社会制裁可行（Jap & Ganesan，2000；Liu et al.，2009），因此，正式契约和关系治理在执行上也可以相互补充。与此同时，大量的实证研究也证实了契约机制与关系治理机制在影响渠道结果过程中的互补作用。比如，Achrol 和 Gundlach（1999）研究发现契约和关系规范的交互作用对单边承诺带来的投机行为有抑制作用。Poppo 和 Zenger（2002）的研究，不仅发现契约完备性对关系治理有显著的正向影响，关系治理对契约完备性有显著的正向影响，而且同时使用完备契约和关系治理能够显著地提高交易绩效。Liu 等（2009）使用中国家电行业供应商和分销商双边数据发现，同时使用契约机制和关系治理机制（信任）比单个使用其中一种能够更为有效地抑制投机行为和提升绩效。Zhou 和 Xu（2012）使用中国供应商的数据也证实了详细契约和关系规范可以互为补充地抑制渠道投机行为。张闯等（2014）研究发现，同时使用关系治理（人情）机制和正式契约机制对渠道绩效有显著的正向影响。

（二）复合治理的替代观

一些交易成本经济学者和社会学者认为正式契约和关系治理机制是相互替代的。首先，关系治理中的信任避免了签约成本，降低了监督的需要和契约调整（Gulati，1995）。其次，正式契约的存在对交易伙伴而言，可能是不信任的信号，不信任招致不信任（Bradach & Eccles，1989），成员可能会陷入怀疑和报复的怪圈中，使得交易方可能会围绕契约无法界定事项进行投机，从而促进而不是抑制投机行为（Wuyts & Geyskens，2005）。最后，关系规范和信任也会破坏契约的有效性，因为它们阻碍了契约细节的有效执行（Antia & Frazier，2001）。因此，无论是关系治理降低正式契约的需要或者阻碍契约有效执行，还是正式契约阻碍关系治理的形成或降低其有效性，简而言之，一些学者认为关系治理和正式契约是相互替代的，在实际操作中只能存在其一（Dyer & Singh，1998；Poppo & Zenger，2002）。

与之相对应的实证研究，比如 Gundlach 和 Achrol（1993）研究发现，关系规范与法律契约在交易关系治理过程中是相互替代的。Wuyts 和 Geyskens（2005）研究发现，详细契约和亲密的交易伙伴关系的交互作用促进了渠道成员的投机行为，而不是抑制投机行为。Li 等（2010）研究发现，中国制造商在与国内供应商合作中，同时使用契约机制和关系规范降低了渠道绩效，而与国外供应商合作中，共同使用这两种机制对绩效的影响作用也不显著。

从总体看，关系治理机制与契约机制互补作用似乎得到更多学者的关注（Poppo & Zenger，2002；Liu et al.，2009），而且部分学者特别强调在中国转型经济时期，法律法规不健全，契约的执行效果不佳，需要依靠关系获取稀缺资源和维持关系稳定性（Zhou & Xu，2012）。但是在国内和国外研究中却发现，关系治理机制和契约机制的复合形式对投机行为有促进作用（Wuyts & Geyskens，2005），或者会降低绩效（Li et al.，2010），这又该作何解释呢？本书根据现有研究将原因归结为以下几点：

第一，近期社会网络学者提出，关系只提供有条件的价值，即关系的有效性要受到所处的环境因素影响。如 Cannon 等（2000）研究发现，当市场波动性和分销商专有资产（或任务模糊和分销商专有资产）高时，明确契约和关系治理的复合形式会显著提高供应商绩效；当市场波动性和分销商专有资产（或任务模糊和分销商专有资产）低时，明确契约和关系治理的复合形式对提高供应商绩效不显著。Li 等（2008）实证研究发现，竞争强度对关系治理与交易绩效之间的正相关关系有显著的负向调节作用。

第二，关系治理的概念过于笼统，不够明晰。关系规范常常没有明确的界定，是依赖社会从众行为和制裁影响力对交易关系进行治理，由于标准定义过于宽泛，而且研究者站在对自己有利立场上对它进行了不同诠释，交流中缺乏牢固的基础，容易产生冲突、怀疑和自利行为（Achrol & Gundlach，1999；Cannon、Achrol & Gundlach，2000）。

第三，关系可能有负面作用（Dark Side），信任之中也包含着背叛的风险（Yang et al.，2011）。这也意味着，关系治理在执行过程中的有效性并非如预期中的一样，可以没有前提和疑虑地促使交易双方自行履行应尽的义务。

四、简评

通过系统地回顾和梳理以契约机制和关系治理机制为主的渠道治理实证研究文献可以看到，经过 30 多年的研究，关于渠道治理的研究已经取得了长足的发展，一个日益完善的理论体系正在形成。尽管如此，仍然存在一些重要问题有待进一步研究。

第一，现有渠道治理的研究主要关注以契约为主的正式治理和以关系规范为主的非正式治理对渠道绩效和企业投机行为的直接影响，以及它们之间的互补或替代关系（Poppo & Zenger，2002；Wuyts & Geyskens，2005；Liu et al.，2009；庄贵军，2012a），忽视了从交易关系发展的全过程视角关注渠道治理问题。渠道治理是一个过程，不仅包括建构交易的过程，还包括维系交易的过程（Heide，1994；Gilliland et al.，2010；庄贵军，2012a）。现有研究集中于治理机制的建构方面，对关系发展过程中治理机制监督和执行方面关注不足（Weitz & Jap，1995；Liu et al.，2009）[①]。从契约机制综述中可以看出，使用契约只是建构交易关系的开始，契约机制的有效性受到交易发展过程中变化（环境/交易/制度不确定性、关系发展不同阶段）的影响，现有研究虽然已经关注到契约机制治理过程的重要性，但这些研究集中于探讨事前契约与事后监督、执行的替代或互补关系（Kashyap et al.，2012），或者是契约执行与渠道行为结果的影响（Mooi & Gilliland，2013），缺乏从交易关系发展全过程的角度选择合适渠道治理机制来构建研究模型，即同时关注交易关系建构、交易关系的维系（执行和监督）过程和渠道行为结果。

现有研究对治理过程的关注不足源于学者们认为契约治理可以通过法律的执行来抑制成员的投机行为和维系交易关系长期性（Wuyts & Geyskens，2005），而关系治理的道德控制和行为规范是一种自执行机制（Joshi & Stump，1999；Poppo & Zenger，2002；Zhou et al.，2008），可以有效地降低监督交易的需要（Dyer & Singh，1998；Wuyts & Geyskens，2005），还可以为契约治理提供所需要的弹性和协调机制（Cannon et al.，2000；Ferguson et al.，2005；Dong et al.，2010）。但现有的组织间渠道治

---

① 虽然已有研究意识到建构交易关系和事后交易管理不同，如 Zhang 和 Zhou（2013）考察了正式契约和事后控制，但该研究认为两者是可以相互替代的，并着重检验在不同信任程度下，正式控制和事后控制分别对组织间传递的影响，忽视了这两种机制在关系不同阶段的作用不同。

理研究结论大部分是以美国为主的西方国家商业环境为背景，而不同的国家会有不同的制度环境和游戏规则（Zaheer & Kamal，2011；Zhou & Xu，2012）。在转型经济的中国市场环境下，一方面，环境的高度不确定性，提高了管理者预测未来的难度，致使很难制定全面和详细的契约管理渠道成员的行为（Li et al.，2010）；另一方面，在制度转型阶段，保障契约执行的法律法规等正式制度尚不完善（Xin & Pearce，1996；Yang et al.，2011），这制约了明确契约在执行过程中的一致性及其有效性（Stern et al.，1996；Antia & Frazier，2001；Sheng et al.，2011）。因此，考察正式契约机制的治理过程（监督和执行）对渠道治理具有重要的现实和理论意义。与此同时，以关系规范为基础的关系治理建立在双方共享的行为期望上，这种行为期望和共享的价值观隐含于具体的行动或状态中（Zhuang et al.，2010）。关系规范界定了渠道成员应该如何对待对方的标准，但它并不是行为本身（Lusch & Brown，1996），这意味着需要渠道治理过程机制中的行为活动为关系规范的实现提供媒介，从而达到对渠道行为结果影响的目的。此外，关系治理有负面作用（Dark Side），信任中也包含着背叛的风险（Yang et al.，2011），可见关系治理并不能完全有效地弥补契约治理在治理过程中的不足。因此，渠道治理的有效性并不仅取决于治理机制的建构方面，治理机制的执行和监督过程也是影响渠道交易关系稳定性和渠道绩效的关键。

第二，缺乏将本土文化中人际关系规范作为一种关系治理机制的研究。目前国内学者研究中国渠道背景下的关系型治理的定量研究，其理论和变量测量大多借鉴国外学者研究西方商业环境中关系营销理论及测量量表（Li et al.，2009；张涛等，2010；张闯等，2012；李苗等，2013）。中国人的人际关系有着丰富的文化内涵，与西方学者所讲的关系概念并不完全等同，因此，这样的借鉴研究在一定程度上制约了关系治理的本土适应性。与此同时，由于关系治理概念过于宽泛，目前对关系治理（关系规范）的测量也并未达成一致。有的研究测量的是关系状态，如 Wuyts 和Geyskens（2005）关注的是亲密的伙伴关系，Genctrurk 和 Aulakh（2007）

测量了信任和承诺；有的研究测量的是关系行为，如庄贵军等（2008）和张闯等（2012）测量的是共同制定计划和共同解决问题；有的研究测量的是关系规范，如 Heide（1994）测量的是弹性，张闯等（2014）测量的是人情；也有研究将关系状态、关系行为和关系规范中测量变量混合作为关系治理机制，如 Zhou 等（2008）测量的关系治理是由合作规范、信息分享和共同行动所构成。其中，关系规范最适宜作为渠道关系治理机制，因为它表示管理渠道行为的规则（Zhuang et al.，2010）。虽然，目前已有研究将本土文化中人情作为中国渠道背景下的关系治理机制（张闯等，2014），但在本土文化中，还有一些其他重要关系规范，如注重感情、面子等。因此，还需要同时关注这些具有关系规范特征的关系变量，并将它们作为中国渠道背景下的关系治理机制，考察其如何通过渠道治理过程机制进而影响渠道行为结果。

第三，现有研究缺乏治理机制对渠道结果变量影响过程中的中介机制的实证研究。除了极少研究关注到治理机制对结果变量的影响路径上存在着某些中介机制，如 Joshi 和 Stump（1999）关注了制造商依赖和制造商长期导向在关系规范对制造商承诺和投机行为影响过程中的中介作用，以及 Poppo 和 Zhou（2014）检验了分配公平和程序公平在契约机制对渠道绩效影响过程中的中介作用，现有渠道治理的实证研究范式以治理机制对渠道行为结果直接影响为主，缺乏治理机制对结果变量影响过程中的中介路径分析。显然，发展和检验前因变量到结果变量的过程解释是非常重要的，因为这可以提高理论检验的有效性。这种扩展研究不仅可以提高理论预测的有效性（从前因变量到结果变量），还可以提高具体过程解释的有效性（前因变量如何通过中间变量实现对结果变量的影响）（Joshi & Stump，1999）。

第四，虽然现有的一些渠道治理文献关注到了治理过程机制，但这些研究检验的是治理过程的某一个方面，如监督（Stump & Heide，1996）、执行（Mooi & Gilliland，2013），或者是模型中同时考察监督和执行（Kashyap et al.，2012），以及激励（Gilliland et al.，2010），这样检验交易过程某一方面的概念可能无法全面反映治理过程，而控制包括设立标准、监督、反馈和纠偏（激励），是一个更为全面的治理过程概念。因此，相对于治理过程的某一方面（如监督），控制是更为全面的方式去管理渠道成员的行为，可能会产生更为理想的效果（Crosno & Brown，2014）。

第五，现有研究忽视了重要的环境/交易因素对治理机制与治理过程机制之间关系的调节影响。有的研究关注了治理过程机制的影响因素（Stump & Heide，1996；Antia & Frazier，2001；Mooi & Gilliland，2013），有的研究关注了治理机制与治理过程机制之间的替代或互补关系（Stump & Heide，1996；Kashyap et al.，2012），有的研究关注了治理过程机制对渠道行为结果的影响（Gilliland et al.，2010；Mooi & Gilliland，2013）。渠道交易关系管理策略的选择是以特定环境而定的（Heide & John，1990；Stump & Heide，1996），只有当治理结构与特定的交易特征或任务环境相匹配时，才能提高绩效（Noordewier et al.，1990；Aulakh & Gencturk，2007）。因此，治理机制对治理过程机制的影响作用受到重要的交易或环境因素的影响。在渠道交易关系管理中，市场不确定性和专有资产净投入被认为是影响渠道治理策略选择的重要因素（Cannon et al.，2000；Aulakh & Gencturk，2007），其中，市场不确定性是中国转型经济背景下重要的交易关系特征（Rindfleisch & Heide，1997；Sheng et al.，2011），专有资产净投入不仅是交易关系质量的信号（Williamson，1985a；Gundlach et al.，1995），也决定了渠道双方关系的依赖结构（Ryu & Eyuboglu，2007）。因此，需要检验治理机制对治理过程机制的影响作用如何随着市场不确定性与专有资产净投入两个重要的边界变量的变化而变化。

第三节 契约型农产品渠道治理相关研究综述

在国内契约型农产品营销渠道中，与普通工业品渠道治理相对应的研究可称为交易关系稳定性研究，虽然前者是以农产品营销渠道为研究背景，但两者关注的渠道问题（如抑制投机行为和提升渠道绩效）和所使用的分析工具是相同的。因此，根据研究视角，契约型农产品营销交易关系稳定性研究可分为以交易成本理论为主的经济学视角、以关系治理理论为主的社会学视角及混合治理视角三类。

一、经济学视角

国内学者基于经济学视角从农产品交易制度安排、契约不完全性、成本效率等多个角度对农产品关系稳定性进行了广泛的研究，其中以新制度经济学为主的分析范式和理论工具一直是农产品交易关系研究的主流范式。研究具体可分为契约型农业中交易关系不稳定的成因和与之相对应的治理对策研究两类。

在契约型农产品渠道交易关系不稳定的成因分析中，不完全契约理论是主要的分析工具。如周立群和曹利群（2002）、刘凤芹（2003）认为，契约的不完全性和双方的机会主义行为，导致了"企业+农户"这种组织形式的契约约束的脆弱性和协调上的困难，因此会使得违约"有机可乘"。此外，很多学者认为在不完全契约的条件下会产生诸如敲竹杠之类的行为，而法庭执行困难会进一步降低契约的有效性（黄祖辉、王祖锁，2002；刘凤芹，2003；张兵、胡俊伟，2004）。

针对契约型农产品渠道交易关系不稳定而提出的治理对策主要从以下几个方面展开：

（1）发展中介组织。学者们认为，发展农产品流通中介组织，即从"企业＋农户"到"企业＋中介组织（合作社/大户/协会）＋农户"及其扩展形式，能有效地节约企业与农户之间的交易成本，增强农户组织性和订单稳定性（周立群、曹利群，2002；邓宏图、米献炜，2002；郭晓鸣等，2006；生秀东，2007；胡定寰，2009）。

（2）完善契约条款。刘凤芹（2003）认为，通过重复博弈，合约双方签约时可能会更谨慎，努力获得信息和学习合约的知识并规范合约条款，这有利于合约的稳定性。史建民（2001）认为，合约双方在事先订立农业订单时，应尽量订得齐备、准确，避免因条款不明而发生不必要的争议或者无从主张自己的权利。郭红东（2005）、王亚静和祁春节（2007）等也持同样观点。

（3）专有资产。周立群和曹利群（2002）认为，专用性投资是信誉的物质支撑和长久合作关系的依托。专用性投资，既可以提高农副产品的附加价值，为双方创造一个更大的剩余，同时又可以作为龙头企业的承诺。张兵和胡俊伟（2004）认为专用性资产的投资对双方行为形成了约束，从而可以促进双方进行长期的合作。王亚飞等（2014）的研究结论也与之类似。

（4）准纵向一体化。万俊毅（2008）、万俊毅和欧晓明（2010）研究温氏模式，以及田敏和张闯（2010）研究盛德模式，发现在这种近似一体化的产业链整合的"公司＋农户"模式中，企业对农户在整个产业链进行管理和控制，并建立利益分配机制和风险分担机制，能够有效地降低农户的投机行为和提高交易关系稳定性。

（5）其他方式。林强和叶飞（2014）提出一种基于 Nash 协商的收益共享契约机制来协调公司与农户之间的利益，实施该契约机制不仅可以实现"公司＋农户"型订单农业供应链的完美协调，还能带来社会福利的增加。

二、社会学视角

从经济社会学的角度，任何经济行为都嵌入在社会关系中，因而忽视了经济行为所嵌入其中的社会互动背景对交易行为的解释也可能是不完全的（Granovetter，1985）。对于中国农村社会而言，农民特殊的生产与生活方式以及此类活动在地理空间上的相对封闭使得乡村社会中的人际关系对农民的经济行为产生了更为直接的影响（张闯、林曦，2012）。在农产品渠道治理研究中，有关关系治理的研究也可以分为以下两种：

一是关注人际关系对契约稳定性以及渠道交易行为的影响。夏春玉等（2009）、张闯等（2010）和田敏等（2010）通过案例研究发现，在交易关系的发展过程中，根植于农村社会的人际关系以及以此为基础的关系治理机制能有效地抑制交易双方的投机行为，降低交易成本，提高交易绩效。同时，一些学者通过定量研究也获得了类似的结论，如徐健等（2010）考察农户人际网络结构（网络中心性和网络密度性）对交易成本和农户违约倾向的影响，研究发现，农户人际关系网络密度对农户的信息成本和监督成本具有显著的负向影响，而农户人际关系网络中心性对农户的信息成本和监督成本具有显著的正向影响；农户信息成本和监督成本的增加会显著增强农户的违约倾向。陈灿和罗必良（2011）实证研究发现龙头企业与农户之间的信任、互动和互惠对企业合作满意度有显著的正向影响。敖嘉焯等（2013）以 87 家农业上市公司为样本进行实证研究发现，政治网络强度对企业绩效有显著的正向影响，商业社会资本对企业绩效没有显著影响。王亚飞等（2014）实证研究发现，公司累积的信任、声誉等社会资本因素有利于提高订单农业的履约效率和增强公司与农户契约关系的稳定性。

二是关注关系治理的影响因素。如张春勋（2009）对云南省通海县蔬菜种植户与龙头企业间的蔬菜交易中关系治理要素间的互动关系进行了实证检验。研究发现农户感知的满意度、农户对企业的信任程度、农户关系承诺、农户感知的合作程度、农户对交易的确定性、农户感知的企业机会主义行为、相对依赖性、农户感知的受企业影响程度共 8 个关系变量的互动机制是推动农产品交易关系契约自我实施的关键。

此外，一些研究关注到关系治理对渠道结果影响作用中存在某些中介路径。陈灿（2012）探讨了企业层关系治理（企业对农户的直接影响）如何通过农户层关系（企业派出的联系人对农户的影响）影响农户的满意度。研究发现，农户层关系治理（信任、互动和互惠）直接对农户满意度有积极影响，而企业层关系治理中的信任与互惠通过影响农户层关系治理而对农户满意度产生正向影响。田敏等（2014）研究发现，契约型农产品营销渠道中，收购商边界人员与农户的私人关系会通过两条路径影响交易关系稳定性：一是私人关系直接影响农户的违约倾向和续约意愿；二是私人关系通过降低农户与龙头企业间的冲突进而影响农户的违约倾向和续约意愿。

三、混合治理视角

正如前文所提到的，交易关系嵌入在复杂的经济、社会和政治结构中，治理结构经常需要以市场、社会和权威为基础的多种混合治理机制，而非将其中某一类排除在外（Cannon、Achrol & Gundlach，2000；Zhang & Zhou，2013）。在农产品营销渠道治理的研究中，很多学者也注意到经济学和社会学视角下的治理机制并非相互独立，而且重点关注多种治理机制之间的互补作用。万俊毅（2008）案例研究发现，温氏集团通过有效激励手段和关系治理机制，降低了交易成本，提高合约履行和绩效。张闯等（2009）跨案例研究发现，农产品交易关系治理机制以由两种或多种治理机制构成的复合治理机制为主，在交易关系发展的不同阶段，关系中的主导治理机制也会有所不同。张闯等（2010）案例研究发现，市场型交易关系是在市场价格机制和农村人际关系要素双重机制影响下的交易关系，这种双重制约机制不仅使得此类交易关系具有一些市场交易的特征，同时还具有长期导向性的内在稳定机制。万俊毅和欧晓明（2011）认为，东进模式案例表明，东进公司利用了嵌入在联盟组织内的乡村社会权威，从而便利地与农户缔结合约，并有效地对合约进行差序治理。瞿姗姗（2009）研究发现，龙头企业与农户合作关系中法律治理的程度、经济治理的程度和关系治理的程度对合作绩效有显著的正向影响，而且龙头企业与农户之间存在多种由不同治理机制组成的合作关系。陈灿（2013）考察了正式的合约治理与非正式的关系治理两种机制将如何影响不确定性与资产专用性。研究发现，相对合约治理，农业龙头企业与农户间的关系治理能够更好地应对资产专用性和不确定性带来的风险，而农业龙头企业投入的物质资产专用性的增加也应该伴随着更多的合约治理。

四、简评

通过对契约型农产品营销渠道治理文献的回顾和梳理可以发现，该领域关注的问题和所使用的理论工具与工业品营销渠道治理研究是极为相似的，而且，现有工业品营销渠道中的治理研究所存在的问题，在契约型农产品营销渠道交易关系的研究中也不同程度地存在，甚至具有更强的现实意义和适用性。

（1）现有契约型农产品营销渠道交易关系稳定性的定量研究，大多关注于治理机制对渠道行为结果的直接影响，忽视了治理过程在其中的重要作用。例如，在契约机制的研究中，瞿姗姗（2009）关注契约机制对渠道绩效的直接促进作用，陈灿（2013）关注正式合同对交易风险的直接抑制影响；在关系治理的研究中，除陈灿（2012）和田敏等（2014）考察了关系治理的中介机制，大多数研究也关注于关系治理机制对渠道行为结果的直接作用（徐健等，2010；陈灿、罗必良，2011；敖嘉焯等，2013；王亚飞等，2014），忽视了治理过程在维系交易关系稳定性和提升渠道绩效中的重要作用。与此同时，在契约型农产品营销渠道中，关注治理机制（正式契约机制和关系治理机制）的治理过程可能具有更强的现实意义，这主要是基于以下几点原因：

第一，农产品的产品特性决定了农产品契约具有"注定"不完全性。首先，农产品生长周期长，受到不可抗拒的自然力量的约束，强烈的不确定性增加了双方预测未来的难度。其次，农产品具有经验品和信任品的特性，这使得收购商与农户之间存在着严重的信息不对称。最后，相对于工业品，农产品具有鲜活性、价格弹性较小，生产的定量化和标准化程度较低的特点。农产品的这些特性不仅决定了契约型交易关系的长期性和复杂性，而且增加了交易双方事前签订明确契约约束对方行为的难度，使得农产品契约具有"注定"不完全性（刘凤芹，2003）。

第二，农产品契约出现违约行为时，法律执行更加困难。农产品契约执行不仅受制于我国现行保障契约执行的法规等正式制度尚不完善（Xin & Pearce，1996；Yang et al.，2011），而且受到契约型农产品渠道交易关系特殊性的影响。契约型农产品交易关系通常表现为一个收购商和众多的小农户签订购销合同，当收购商出现违约行为时，农户会因高昂的法庭解决成本而放弃法庭执行（刘凤芹，2003）；当农户违约时，对于资源占有量有限的农户，龙头企业的胜诉收益会大大低于其成本。再加之农户的分散与为数众多，理性的龙头企业一般不会请求第三方对农户的违约行为进行规制，特别是为数众多的小农户采取一致性违约行为时，收购方就更不会采取法庭执行（张闯、夏春玉，2005）。此外，当地政府出于保护农户弱势群体的考虑，会劝说收购商放弃追究农户违约责任[①]，因此法庭执行的困难也是阻碍契约机制发挥作用的重要因素，需要对契约机制的执行和监督过程施加额外的影响和关注。

第三，契约型农产品渠道关系结构制约了关系治理的有效性。契约型农产品渠道具有典型的权力不对称特征，相对于收购商，大部分农户属于渠道弱势方。因为通常农产品同质化严重，而某一个农户的产品占收购商的收购比例是非常小的，这使得农户对收购商具有强烈的依赖。同时，诸如资金、信息和销售能力等方面，农户的实力也不如收购商（张闯、夏春玉，2005），在这种情况下，双方签订契约是完全由收购商所主导的，这种双方地位不对等会严重削弱关系治理的作用，除非有坚实的关系基础。在陈灿等（2010）东进模式的案例研究中，发现关系的差序格局往往是交易双方采用关系治理的依据和效果差异的根源。案例中提到的广东省惠来县的百岭村和甘泉村，两个村子养猪的收益差距极大的主要原因在于东进

---

① 上述契约型农业中交易双方放弃法庭执行的现象，在访谈宁夏银川市锦旺农业综合开发有限公司经理和当地参与订单农业的农户也得到了证实。

牧业公司的创始人何新良曾是百岭村村民，因此他对这两个村投资建设和收购政策是不对等的，而且这两村的村民对何新良采用关系治理态度也完全不同，百岭村村民对何新良是百分之百的信任，而甘泉村村民对何新良有很多猜疑和不信任，从而提出更为苛刻的谈判条件，招致双方合作的不愉快。因此，在双方权力不对等情况下，在关系的共同基础不牢固的前提下，关系治理有效性会受到严重削弱。

第四，农户行为动机特点。自古以来，小农经济行为的主导动机是"避免风险"、"安全第一"（斯科特，2001），小农户也因此被称为是高度的风险规避者。因为未来是高度不确定性的，因此他们更加看重眼前的利益，短期行为特征十分明显，这使得他们与收购商关系的长期导向意愿并不强烈，从而制约关系的长期价值，降低了关系治理的有效性。

因此，在契约型农产品营销渠道中，从交易关系全过程的视角，重点关注治理机制的治理过程，具有重要的理论和现实意义。

（2）近些年以农村人际关系为分析背景的关系治理得到了越来越多的学者的关注，但现有定量研究的理论及变量测量主要借鉴国外学者研究西方商业环境中的关系理论及其测量量表，如徐健等（2010）考察人际网络结构，敖嘉焯等（2013）考察不同类型关系的强度，陈灿和罗必良（2010）和陈灿（2012）考察互动、互惠，而中国人的人际关系有着丰富的文化内涵，与西方学者所讲的关系概念并不完全等同，这意味着单纯以西方关系理论为基础并不能充分解释中国乡村社会中人际关系的作用。因此，在考察关系治理对渠道结果影响的定量研究中，需要在本土文化中汲取营养，将根植于本土文化中的人际关系规范作为关系治理机制，并修订形成新的量表，才能更为准确地测量并检验关系治理在契约型农产品营销渠道中对交易方行为的影响。

（3）需要关注重要的环境或交易因素对治理机制与治理过程机制之间关系的调节影响。目前在农产品渠道交易关系稳定性的研究中，已有研究关注到了重要的环境因素，如市场不确定性对渠道成员投机行为的直接影响（田敏等，2013），或者是重要的交易因素，如专用资产在提高订单农业的履约效率和增强公司与农户契约关系的稳定性中的作用（王亚飞等，2014）。但是，鲜有研究将它们作为模型重要的边界变量，实证性检验它们对治理机制对治理过程影响过程中的调节作用，即考察在何种情况下会强化或削弱治理机制对治理过程机制的影响。

第三章 理论背景与研究模型

第一节 理论背景

一、交易成本理论

1937 年新制度经济学鼻祖科斯创造性地引入新的解释变量——交易费用，解释了企业为什么会独立于市场而存在以及企业边界的扩展问题。威廉姆森（1975、1985a、1993）在科斯的基础上深化并发展了科斯开创的交易成本经济学，进一步指出交易成本产生的原因，使得该理论不断完善和深化。在交易成本理论中，一般认为治理是为了支持经济交易而设计的特定机制（Heide，1994）。具体而言，治理决策是从基于价格机制配置资源的市场和通过统一权威结构配置资源的科层之间的一个基本选择，而选择的依据是哪一种治理形式交易成本更小。其中，交易成本被定义为"系统运行的成本"（Arrow，1969），它包括管理交易关系的直接成本，即事前搜寻信息、签约和协商的成本，以及事后监督和执行协议的成本，还包括选择更好治理决策的机会成本（Heide，1994；Rindfleisch & Heide，1997）。

威廉姆森（1975）提出了一系列与交易成本相关的各种关键因素是决

定交易选择模式的依据，这些关键的影响因素包括两个主要的行为假设（有限理性和投机行为）和两个关键的交易维度（专有资产和不确定性）[①]，及其之间的相互作用。其中，专有资产带来保护问题（Safeguarding Problem），环境不确定性带来适应性问题（Adaptation Problem），行为不确定性带来绩效评估问题（Performance Evaluation Problem）（Rindfleisch & Heide，1997），上述问题使得竞争机制和价格信号无法有效地指导供求变化（Williamson，1985a；Poppo & Zenger，2002；Sheng et al.，2006），利用市场机制的交易成本超过企业内部自行制造的成本，从而导致了市场失灵。

与企业内部治理相对应的治理方式称为所有权控制机制，表现形式为完全垂直一体化或部分垂直一体化，其中完全垂直一体化是指企业通过产权所有的方式实现产品从原料供应、生产制造到产品分销到消费终端领域的全面控制；部分垂直一体化是企业对整条产业链的部分领域进行整合，如原料领域或分销领域。产权机制主要是通过权威关系和科层控制来管理组织内部交易关系（Liu et al.，2009）。Brown 等（2000）认为所有权机制优势在于：一方面，能够提供一种强大的奖励和惩罚系统，即更好的内部监督和激励机制；另一方面，组织文化通过共同的价值观引导组织成员的行为，使其个人利益与组织利益紧密地联系在一起。但对于很多企业而言，完全一体化的层级治理并不总是理想或者是可行的，在企业资源有限和政府法律规制约束下通常是难以实现的（Jap & Ganesen，2000；Aulakh & Gencturk，2007）。

与此同时，Grossman 和 Hart（1986）认为，垂直一体化的好处并不来自于内部的一体化或产权本身，而来自于决策施加控制的能力。Stinchcombe（1985）提出组织间协议或契约的使用可以达到与一体化相同的结果，特别是充分详细的契约被用于作为一种"类似层级"形式来建立

---

① 除了上述行为假设和交易维度，威廉姆森完整分析了框架中风险中立是作为第三个行为假设，交易频率是作为第三个交易维度，但它们在交易成本的研究中受到的关注有限（Rindfleisch & Heide，1997）。

垂直企业间权威关系（Gundlach & Achrol，1993；Klein et al.，1978），因此正式契约被认为是除了一体化外，有利于获得决策控制权的替代机制（Stinchcombe，1985；Grossman & Hart，1986；Heide，1994；Lusch & Brown，1996；Achrol & Gundlach，1999；Zhou & Xu，2012）。

二、契约理论

契约理论是近 30 年来迅速发展的经济学分支之一。根据 Brousseau 和 Glachant（2002）的观点，契约理论包括激励理论（Incentive Theory）、新制度经济学中的交易成本理论和不完全契约理论（Incomplete Contract Theory）。根据研究需要，这里只简要论及与交易成本理论相关的正式契约理论。

在交易成本经济学中，Williamson（1996）认为，人作为具有有限理性且追求自我利益最大化的主体，具有先天的投机倾向。同时，他提出解决这一问题的主要方式就是签订一个正式的契约（Formal Contract）管理交易关系。正式契约指的是交易双方达成的一个正式协议，通过契约条款规定（交易双方）角色、义务和预期收益，以及如何处理计划外事件和冲突（Zhou et al.，2010）。契约作为一种正式机制，规定了双方认可的应当履行的责任，以及没有履行或违约的惩罚措施。

契约机制的主要作用是降低交易关系中的风险和不确定性（Lusch & Brown，1996；Cannon et al.，2000），它作为一种事前的管理机制（Kashyap et al.，2012），试图在基于事前既定的环境中规定（双方）所有的权利和义务，并预测未来一定时间内可能发生的事情（Aulakh & Gencturk，2007），通过正式化的规则和程序阐述了各种情形的处理过程，降低了行为和结果的不确定性，为交易双方提供了保护机制，减少了其面对的风险的经济损失（Williamson，1985a），有助于关系的持续（Cannon et al.，2000）。

契约条款最明显的好处是可以使用法律制裁迫使交易者按照契约条款的内容执行（Klein，1996）。由于使用契约和契约执行时两个单独的事件①，因此契约的一致性和它协调的有效性很大程度上取决于实践执行的效果（Stern、EI-Ansary & Coughlan，1996），而正式契约执行的一个潜在的关键前提取决于完善的法律制度（North，1990）。在中国，保护契约执行的法律制度是不健全的或相对滞后的，这降低了正式契约的理想效果（Zhou & Poppo，2010）。由于执行的不确定性和法律条文的可变性，企业很难确保交易对方会遵守最初的协议（Yu et al.，2006；Zhou、Poppo & Yang，2008；Zhang & Zhou，2013）。

此外，正式契约明显不足之处在于无法恰当地描述和管理计划协议，特别是长期关系或波动环境下（Gundlach & Achrol，1993），受制于人们表述，或者预见和解释未来发生的事情的能力，不可能预测到所有未来发生的事情（Macneil，1980；Achrol & Gundlach，1999；Cannon、Achrol & Gundlach，2000；Zhang & Zhou，2013），也就是说，无论契约如何明确，交易的特定维度也是不可能完全界定的（Wuyts & Geyskens，2005）。然而，尽管契约不可避免的不完全，但它为应对不确定性提供了一个指导框架（Zhou et al.，2008）。

在渠道治理的实证研究中，学者们将契约分为明确与规范的、硬的与软的、正式的与非正式的、书面的与非书面的契约（Lusch & Brown，1996），其中明确的、硬的、正式的与书面的契约通常指具有法律效力，依靠法律执行的正式契约，而规范的、软的、非正式的与非书面的契约内涵与各种关系规范相互交织，难以将其与关系规范机制（后文详细论述）相区分（Ferguson et al.，2005）。

三、关系契约理论

关系契约的思想最早可追溯至著名管理学家 Barnard（1938）曾经提出的"影响个人和企业行为的非正式协议和规章"对于企业高层决策具有重

---

① 虽然它们可能是相互联系的，如明确契约中可能包括对违约行为的反应（Antia & Frazier，2001）。

要意义。但相对成熟的关系契约理论则是由美国法学家 Macneil（1974、1978、1980、1981）提出的。Macneil 的关系契约理论部分建立在 Macaulay（1963）关于非契约商业关系的开创性研究的基础上。Macaulay 通过案例研究发现当商业纠纷出现时，即使契约条款存在，企业也很少使用法律诉讼解决问题，因为使用法律手段成本过高，而且结果并不理想。Macneil（1980）在其随后的研究中，从社会生活中人与人之间交易关系出发，指出无论什么样的缔约方式，每项交易都嵌入在复杂的交易关系中。关系契约是以关系嵌入为出发点的，"关系"是指契约得以发生的背景，即在交易关系的过去、现在和预期未来，契约方的个人关系在契约的长期安排中起着关键作用（Macneil，1974）。

关系契约常被称为关系治理（Relational Governance），或者关系主义（Relationalism）（Anti & Frazier，2001），或者社会嵌入（Dyer & Singh，1998），或者过程协调机制（Sobrero & Schrader，1998）。关系治理通过内部化和道德控制的方式来管理交易行为（Larson，1992；Joshi & Stump，1999；Gundlach et al.，1995），它促使双方关注共享的价值观和行为期望，注重关系的长期价值（Gundlach & Achrol，1993）。关系治理的核心观点是创造一个和谐友好的合作氛围，有利于双方的沟通与协调，促进共同利益的成长和关系的持续（Achrol & Gundlach，1999；Joshi & Stump，1999；Vazquez et al.，2007；Liu et al.，2009）。关系治理最大特点在于它是一种内生的自我履行机制，依赖社会制裁来减少逃避风险和投机行为侵害（Cannon et al.，2000），而不是诉诸契约或者其第三方执行（Ferguson、Paulin & Bergeron，2005），因此避免了签约成本，降低了监督和契约调整的需要（Gulati，1995；Poppo & Zenger，2002；Dong et al.，2010；Zhou & Xu，2012）。

在关系治理的构成方面，学者们都认为关系治理是一个多维度的变量（Heide & John，1990；Heide & John，1992），但对于构成它的维度并没有一致性的结论（Heide & John，1990；Sheng et al.，2006；Cai et al.，2009）。目前渠道关系治理常见的治理机制包括关系规范和信任两种

(Anderson & Narus，1990；Heide & John，1992；Liu、Luo & liu，2009)。信任被定义为交易方对另一方所拥有诚实和善意的信念或信心 (Doney & Cannon，1997)。而相对于信任，关系规范的内涵则更为丰富，也得到更多学者的关注。关系规范是指至少被一群决策者部分共享的行为期望 (Heide & John，1992)，即关系规范体现了交易参与方之间的共同理解和期望 (Lusch & Brown，1996)。

在关系规范的具体形式方面，Macneil (1980) 提出了 11 个规范维度，角色一致 (Role Integrity)、互惠 (Reciprocity)、实施计划 (Implementation of Planning)、看法一致 (Effectuation of Consent)、弹性 (Flexibility)、契约一致 (Contractual Solidarity)、恢复关系 (The Linking Norm：Restitution)、信赖并期望利益 (Reliance & Expectation Interests)、权力使用的限制 (Restraint in the Use of Power)、与社会矩阵相一致 (Harmonization with the Social Matrix)、方法得当 (Propriety of Means)。但在后续研究中，有些规范被进一步细化，如实施计划被划分为共同制定计划、共同解决问题 (Claro et al.，2003)；一些规范被改变，如社会矩阵相一致被重新定义为冲突和谐化 (Gundlach & Achrol，1993)；还增加些新的规范，如信息共享、信任、关系的延续性等 (Noordewier et al.，1990；Heide & John，1992；Liu et al.，2009)；还有一些规范极少出现在文献中，如看法一致。

此外，关系治理也存在不足之处：

首先，关系治理的概念过于笼统，不够明晰。它虽然界定了渠道成员应该如何对待对方的标准，但它并不是行为本身 (Lusch & Brown，1996)。由于标准定义过于宽泛，交易方站在对自己有利立场上对它进行了不同诠释，当交流中缺乏牢固的基础时，容易产生冲突、怀疑和自利行为 (Achrol & Gundlach，1999；Cannon、Achrol & Gundlach，2000)。

其次，关系治理降低了监督交易的需要，提升了欺骗收益并被发现的机会，因此提高了成员投机却未被惩罚的可能 (Wuyts & Geyskens，2005；Liu et al.，2009)，即关系可能有负面作用，信任之中也包含着背叛的风险 (Yang et al.，2011)。

再次，除非拥有共同坚实的基础，如历史、地点和网络（Zhou & Xu，2012），关系治理的建立和维系成本极高（Joshi & Stump，1999）。关系治理虽然很有效，但它们很难建立，需要交易双方事先投入大量的时间、金钱和人力，即使一旦建立了，关系规范也很脆弱，需要持续的维系和发展（Dwyer et al.，1987；Larson，1992）。

最后，关系的有效性受到外界环境的影响。在不确定性环境下，关系规范很难发展（Ouchi，1979），因为关系治理产生于重复交易，而重复交易很难在高度波动的环境下产生（Gundlach & Achrol，1993；Ryu & Eyuboglu，2007）。同时，价格透明的竞争环境也会使得关系变得冗余（Li et al.，2008）。

四、关系（Guanxi）理论

关系（Guanxi）是中国文化和社会重要的组成部分，它是一个复杂而又无处不在的关系网络，网络中隐含着（成员间）相互的义务、信任和理解（Park & Luo，2001）。由于中国人存在、体现于关系网络之中，因此，在很大程度上关系体现着中国人生活本身（庄贵军、席酉民，2003）。在很多情况下，良好的人际关系本身就是活动的目的（Yang，1998），因为良好的人际关系可以带给人身心的愉悦，给人以认同感、归属感和安全感（庄贵军、席酉民，2003）。

中国人强调一个人在一个关系网络中的位置和针对不同的人采取不同的态度和行为（杨国枢，1988），由此中国人的人际关系呈现出一种"以己为中心"由近及远的"差序格局"（费孝通，2008）。根据心理距离的远近，中国人的人际关系可分为三个层次：家人关系、熟人关系和生人关系。家人讲责任，往往不求回报；熟人讲人情，讲回报，但由于彼此间互信，往往不求及时回报；生人讲利害得失，缺乏互信，因而要求及时回报（杨国枢，1992）。其中，人与人之间处于家人或熟人的关系状态，可称为"自己人"，处于生人的关系状态则称为"外人"。同时，"自己人"的边界是有弹性的，"外人"可以通过各种"拉关系"行为使其变成"自己人"

（杨宜音，1999）。

目前，关系及其作用引起了国内外学术界的广泛关注，这得益于中国的改革开放和在经济上的崛起，以及中外企业在中国从事商业活动的实际需要。关系被认为是在中国从事商业活动的一个基础性变量，也被认为是中国文化主导下的企业从事商业活动的一个重要特点（庄贵军，2012b）。虽然，随着改革开放的深入和社会的进步，中国社会中的人际关系发生了某些变化。但是，关系的文化基础的变化是非常缓慢的，一种社会规范（包括传统精神、价值观及风俗习惯）一旦形成，便会潜移默化地世代相传，经过制度化的基本中心价值观体系是很难改变的（费孝通，2008；胡保玲，2008）。

近年来，关注中国文化中关系及其作用也是渠道关系型治理研究的热点问题。现有研究大致可以分为两类：一类是许多学者都采用了社会资本的观点，将关系概念化为强关系和弱关系（姜翰、金占明，2008），或商业关系和政治关系（Li et al.，2008；Sheng et al.，2011）；另一类是关注本土文化中人际关系（私人关系）在渠道关系治理中作用（庄贵军，2008；董维维、庄贵军，2013；张闯等，2014）。由于人际关系作为人与人之间的社会联系或行为互动的基础是个复杂而多维的概念（Tsang，1998；Lee & Dawes，2005）。因此，它常由一些意思相关而内涵不同的概念表示，包括关系状态（Guanxi States）、关系行为（Guanxi Behaviors）和关系规范（Guanxi Norms）（Lee & Dawes，2005；Zhuang et al.，2010）。关系状态指人与人之间关系的质量或关系水平，具体而言就是远近亲疏，如上文所述，家人、熟人与生人关系之间的区别，也常用亲近程度、情感程度、信任等测量。关系行为指人们用于发展、维持或利用人际关系的行为和努力，如"拉关系"或"找关系"，常用送礼、帮忙等测量。关系规范是指导人们进行交往和互动的行为规则，如人情法则、面子，以及礼节等

（庄贵军，2012b），以及人际交往中常见的注重感情①。在这其中，关系行为有助于提升或恶化关系状态，关系规范常用于管理互动行为（Zhuang et al.，2010），因此，关系规范最适合作为渠道关系治理机制。与此同时，由于在现实生活中，人际关系规范的各构成因素通常以共同或交互的方式对个体行为产生影响，因此，本研究将包含人情、互惠、注重感情等元素的人际关系规范作为关系治理机制。

人情是一个具有社会规范作用的文化概念，《礼记·礼运》中说："何谓人情？喜、怒、哀、惧、爱、恶、欲，七者弗学而能"，即人天然和自发的感情。具体而言，人情就是"人与人的相处之道"，是一个人对日常生活中面对各种情况的情感反应，是指导一个人与他人友好相处所遵循的社会交往规范。同时，人情又是人际交往的一种工具，是人与人在社会交易过程中馈赠给对方的一种资源。人们可通过"送人情"、"欠人情"、"还人情"来维持与他人的互助合作，正所谓"人情留一线，日后好相见"，"滴水之恩，当涌泉相报"。因此，人情又可以理解为由"互惠"和"同情"两个基本要素构成（Fan，2002）。互惠是在一种"不想欠债"感觉驱动下产生的，如收到东西就要进行相应的回报，它是公平的一个来源。同情是一方从心理上愿意对另一方提供所需资金或者情感的支持，正如黄光国等（2010）指出，精通人情的人通常也会很有同情心（董维维、庄贵军，2013）。而注重感情是指重视双方在情感或精神上的需要，例如，对对方谦和有礼，不会轻易说出或做出伤害感情的话语或事情。感情反映了关系双方情感依恋程度，它包括双方情感分享，如快乐和恐惧，还指成员间存在忠诚、团结和奉献（Chen & Chen，2004）。

在世代"生于斯，死于斯"的中国农村社会，农民生产生活范围相对狭小，与外界接触少。由于地理空间的相对封闭，以血缘、地缘为人际关系初始禀赋的中国乡村，其社会性质必是一个"熟人社会"，并形成了带

---

① 注重感情和情感程度的区别与联系：前者是一种个人行为特征，强调与人交往时的一种行为准则；后者强调双方交往中的一种关系状态。但注重感情与情感程度有一定的联系，通常双方情感程度越深，越注重感情。

有"圈子精神"的"熟人信任"（赵泉民、李怡，2007），这也使得农村人与他人交往遵循"差序式的信任"原则。他们对"自己人"，包括家人及关系亲密的人充分信任，有事好商量；对于"外人"，指关系一般的熟悉人或其他人，是有条件的信任或者缺乏信任，斤斤计较。因此，农民特殊的生产与生活方式以及此类活动在地理空间上的相对封闭使得乡村社会中的人际关系对农民的经济行为产生了更为直接的影响（张闯、林曦，2012）。在契约型农产品渠道中，一些收购商可能就是当地农户，或者曾经是当地人，如东进牧业公司的创始人何新良。因此，这些收购商与当地农户之间有着天然的关系基础，农户自然会视其为"自己人"，而有些收购商可能是外地人或外地来的企业，农户很难将其与"自己人"等同对待。但是，"自己人"的边界是有弹性的，"外人"可以通过"拜把子"、"认干亲"等"拟亲化"，或增强个人之间心理、情感亲密度的关系行为变成"自己人"（杨宜音，1999）。

五、渠道控制理论

（一）渠道控制的来源和作用

管理控制思想起源于 19 世纪初工业技术发达的英国，而后对管理控制理论的研究在以欧美为核心的西方发达国家中盛行，迄今已有 200 余年的历史（张秀烨，2006）。控制作为科学的概念，是指人们根据给定的条件和预定的目标，通过改变和创造条件，使事物沿着可能性的空间内确定的方向发展（李品媛，2005）。控制包含标准的建立（明确或非明确），根据标准进行监督，出现偏离标准时的纠错行为，即控制的具体活动包括设立标准、监督、评估、反馈和纠错（Dalton，1971）。同时，Challagalla 和 Shervani（1996）在此基础上将控制进一步地分为两个维度：信息和强化，信息包括目标设定、监督和反馈活动；强化用于纠错时的激励措施，包括管理者的对组织鼓励行为进行奖励，对组织厌恶行为进行惩罚。从控制各要素可以看出，控制目的在于纠错，使事物朝着预想的方向发展，而之所以能够纠错是通过监督、评估和反馈实现了施控者及受控者之间信息不对称，特别是监督环节降低了交易双方的信息不对称，提高了施控者觉察被控者投机行为的能力（Stump & Heide，1996）。

渠道控制理论是管理控制理论在渠道管理领域的延伸。实际上，营销渠道控制研究由来已久，早期渠道控制问题的研究是经济学研究的延伸，直到 20 世纪 70 年代初，Stern 等学者将行为科学方法引入渠道研究领域后，对该问题的研究才逐渐转向行为科学范式。但早期的研究多将渠道控制的概念与渠道权力的概念混淆，营销学者们进行了大量实证研究以检验渠道依赖与渠道权力和渠道控制的关系（Anderson & Narus，1990；Skinner & Guiltinan，1985）。从文献资料看，20 世纪 80 年代中期以后，鲜有学者提出专门针对渠道控制问题的理论模型，渠道控制大多被整合到了各种渠道关系模型中（张闯，2006）。但近期随着渠道环境更为复杂多变，委托代理问题、成员间的激励和行为问题开始严重困扰渠道成员间的合作，对渠道成员的管理控制也开始受到学者们的关注（Celly & Frazier，1996；Bello & Gilliland，1997；Hernandez & Arcas，2003；Joshi，2009）。

（二）管理控制的理论基础

管理控制的理论基础主要涉及两个方面：一是管理控制的产生，主要代表为委托代理理论；二是管理控制的作用，主要来自激励理论中的期望理论、归因理论和强化理论。

（1）委托代理理论。委托代理理论认为，组织的主要问题是自利的行为代理商的行为是否与委托商的目标一致。但是，在现实中由于双方相互独立，各自追求利益最大化，目标分歧难以避免。与此同时，由于相对于委托人，代理人拥有信息优势，并可能利用这种优势（Bergen et al.，1992），因此，这一问题常伴着委托商缺乏代理商的绩效信息而加剧。例如，代理人逃避责任致使绩效欠佳，但却将其归咎于市场势力的原因（如竞争恶化或需求降低）（Crosno & Brown，2014）。

委托代理理论认为当双方签订的契约使得代理商和委托商目标一致时，这一问题能够得到缓和。但是，当正式契约无法使得双方的目标完全一致时，为了克服信息不对称，委托人需要对代理人的行为和结果进行控制（Eisenhardt，1985），并由此减少成员之间的分歧。

（2）期望理论。期望理论认为，人们之所以采取某种行为，是因为他觉得这种行为可以有把握地达到某种结果，并且这种结果对他有足够的价值。期望理论在管理控制中应用，主要体现在事前管理者设定的控制目标对受控者有足够的价值，而且受控者有把握实现，激发了其行为沿着管理者所设定方向而努力（Anderson & Oliver，1987）。

（3）归因理论。归因理论是探讨人们行为的原因与分析因果关系的各种理论及方法的总称。归因理论侧重于研究个人用以解释其行为原因的认知过程，亦即研究人的行为受到激励是"因为什么"的问题（Deci & Ryan，1985）。归因理论应用于管理控制中，主要体现于使得受控者对他们成功或失败的归因于什么（内在或外在），从而有利于管理者选择合适控制方式。例如，当个人将成功内归于物质和金钱的奖励机制，结果控制效果会更好；如果个人将成功归因于内在个人能力的提高，能力控制效果会更好。

（4）强化理论。强化理论是以学习的强化原则为基础的关于理解和修正人的行为的一种学说。所谓强化，指的是对一种行为的肯定或否定（奖励或惩罚），在一定程度上影响这一行为在今后是否会重复发生。在管理控制领域中，管理者会正强化，也就是奖励那些组织上需要的行为，从而加强这种行为；惩罚对组织不利或者造成损失的错误行为，使这些人感到受到挫折，从而削弱这种行为再次发生。在管理控制领域中，强化策略十分普遍，一般情况正强化效果比较理想，惩罚策略则因具体研究情境而定，其中能力控制惩罚策略尤为不推荐，因为受控者认为技能的提高是一种长期的努力，不应该受到惩罚（Challagalla & Shervani，1996）。

（三）管理控制的特点和类型

渠道控制与一般意义上的组织内部管理控制区别在于，它主要是一种跨组织控制——施控者与受控者分属于不同的企业或组织（庄贵军，2004）。因此，渠道成员间行为控制与组织内部行为控制也有所不同。在组织内部正式化的权威关系有利于监督雇员的行为，实施绩效评估，以及维持控制（Ouchi, 1979）。独立的渠道组织间，正式化的权威关系并不那么强，使得监督和评估成员行为相对比较困难。因此，渠道成员的管理控制强调的并不是基于层级系统的命令、指挥等强制性方式，而是一个渠道成员对另一个渠道成员在某些决策问题上的影响（庄贵军，2004），或者是对渠道成员行为的协调（Celly & Frazier, 1996; Joshi, 2009）。但这并不意味着渠道成员间的管理控制是不可行的，在以下条件下，渠道关系一方可以对交易另一方施行有效的管理控制。其一，渠道成员之间权力不对等。Heide（2003）和 Zhou 等（2012）提出渠道中集中化控制取决于成员间的权力不对等。因为渠道中权力不对等意味着弱势方的生存与发展依赖于强势方的资源，因此弱势方要服从于强势方的命令和安排，接受强势方的管理控制。其二，受控方接受施控方的专有投资。Joshi（2009）认为，采购商对供应商的直接投资，使得其获得了参与到供应商的生产活动中的机会，例如采购商到供应商参观（生产流程），并为供应商绩效的提高提供指导。但以上两个方面只是为渠道关系一方提供了控制另一方的前提或机会，管理控制效果是否良好，则取决于受控者是否认同施控者的合法权利。只有当受控者发现施控者的这种影响产生的结果优于没有这种影响产生的结果时，才会认同施控者的（权威），并提高对施控者的依赖和对渠道关系的长期承诺，从而使施控者获得长期的竞争优势（Hernandze & Arcas, 2003）。

渠道管理控制是以对渠道成员（企业）的行为控制为逻辑起点，控制的目的是为了保证受控企业的行为不要偏离施控企业的预期目标。现有渠道管理控制的方式沿袭了组织内部管理控制方式的研究。根据 Merchant（1985）的管理控制研究，早期渠道管理控制可分为结果控制、行为控制（过程控制）和（人事）文化控制三种方式。其中，结果控制和过程控制也被称为正式化控制，而文化控制属于非正式化控制（Jaworski, 1988、1989、1993）。近些年，管理控制理论研究又有了新的进展，Challagalla 和 Shervani（1996）从过程控制分离出一个新的控制维度——能力控制，并通过实证研究表明，能力控制和过程控制是不同的管理控制方式。因此，目前在渠道成员间，正式化的管理控制方式主要有结果控制、过程控制和能力控制。由于非正式控制（文化控制）与前文中关系治理机制内涵极为接近，本研究主要关注渠道中的正式化控制方式。

结果控制强调施控方对受控方的行为结果进行控制。结果控制接近于市场契约安排，受控者可以自由地选择自己取得结果的方式，是一种自由放任的管理。受控者只对自己的行为结果负责，不需对如何取得这个结果的方式负责。结果控制降低了管理者直接的指导成本，将风险转移给受控者，同时分享受控者的最终劳动剩余（Anderson & Oliver，1987）。此外，结果控制通常是容易量化的，便于操作（Ouchi & Maguire，1975）。因此，它是渠道交易关系中最常见的控制方式。

过程控制是指管理者试图影响受控者如何实现一个既定的任务，它与结果控制关注最终结果不同，过程控制关注的是行为或活动（Jawroski & Macinnis，1989），它强调在操作层面上，保证受控者行为不会偏离施控者的预期。当施控者过程控制水平提高时，受控者具体行为达到施控者预期的可能性也会提高（Joshi，2009）。同时，施控者为了能够使受控者行为与其预期一致，需要承担控制过程中的风险（Anderson & Oliver，1987）。

能力控制强调发展受控方的技术和能力。如果说过程控制是为了确保受控者服从于管理者具体的操作程序，那能力控制则有利于这种操作程序的产生（Joshi，2009）。能力控制通过确保受控者拥有能够实现高水平绩效的技能和能力来影响绩效（Challagalla & Shervani，1996）。具体而言，能力控制通过满足个人对能力的内在心理需求的方式来提高其内在的心理动机（Deci & Ryan，1985），而这种有内在动机的人会对提高他们的绩效展现出极大的兴趣。实证研究表明，施控者所提供的指导和训练会被受控者认为是一种关心（Fry et al.，1986），这显然有助于受控者绩效的提升。

第二节　研究模型

一、概念模型

图 3-1 是根据相关研究文献和理论建立的一个概念模型，其中契约完备性和人际关系规范是契约型农产品营销渠道中常见的两种治理机制，将作为模型的前因变量；收购商对农户管理控制的三种方式——结果控制、过程控制和能力控制是治理过程机制，作为模型的中间变量；农户投机行为和农户绩效是渠道行为结果，作为模型结果变量；市场不确定性和农户专有资产净投入是重要的环境/交易影响因素，作为模型的调节变量。我们将探讨以下三个研究问题：一是模型的直接效应，即治理机制对管理控制的直接影响，以及管理控制对农户行为结果的直接影响。二是收购商对农户管理控制的中介效应，即考察两种治理机制如何通过收购商对农户的管理控制实现对渠道行为结果的影响。三是调节效应，即市场不确定性和农户专有资产净投入对治理机制与治理过程机制之间关系的调节作用。

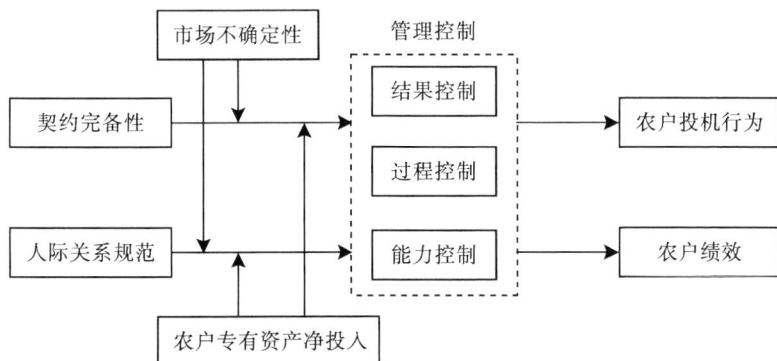

图 3-1　概念模型

二、关键概念界定

(一) 契约完备性

契约完备性指在正式契约中，交易双方的角色、义务和预期收益，以及如何处理计划外事件和冲突等被详细规定的程度 (Wuyts & Geyskens, 2005)。由于管理者能力有限，无法预测到未来所发生的事，因此无论契约如何明确，交易的某些方面都无法通过契约规定 (Wuyts & Geyskens, 2005)，而且契约越完备意味着高签约成本和高执行成本 (Macaulay, 1963)。因此，斯蒂格利茨 (1999) 认为在有限理性和交易成本为正的现实世界中，合约是不完全的。这也意味着，契约的完备或详细是一个程度概念，而不是绝对概念。

在契约型农产品营销渠道中，正式化的完备契约详细规定了农户和收购商 (含各类龙头企业、合作组织等) 在交易过程的责任和义务，尽可能地写明了所有可能发生的事情，如农产品生产过程中交易活动 (专有资产投资、收购方给予的技术指导等)，农产品交割环节双方交易活动的细节 (收购的产品种类、数量、评级标准、价格及双方的违约责任等)，以及规定了如何处理意外发生的事情。

(二) 人际关系规范

关系规范是指至少被一群决策者部分共享的行为期望 (Heide & John, 1992)，即它体现了交易参与方之间的共同理解和期望 (Lusch & Brown, 1996)。在中国社会文化中，人际关系规范是指导人们进行交往和互动的行为规则，如人情法则、面子、礼节 (庄贵军，2012b)，以及注重感情等。由于在现实生活中，人际关系规范的各构成因素通常以共同或交互的方式对个体行为产生影响，因此，本研究将包含人情、互惠、注重感情等元素的人际关系规范作为关系治理机制。人情就是"人与人的相处之道"，是一个人对日常生活中面对各种情况的情感反应，是指导一个人与他人友好相处所遵循的社会交往规范。注重感情是指重视双方在情感或精神上的需要，例如，对对方谦和有礼，不会轻易说出或做出伤害感情的话语或事情。

在契约型农产品营销渠道中，当农户和收购商具有良好的人际关系时，会表现为遵守人情、互惠、重视情感等人际关系规范。具体而言，当对方遇到困难（例如，由于天气原因农户不能按时交货，或者价格严重低于订单价格，收购商无法按照订单价格全额收购），彼此要理解和支持；当需要时，他们会相互帮助；不会轻易做伤害感情的事情；交往中遵循有来有往的原则等。

（三）管理控制

管理控制是指控制方根据建立的标准（明确或非明确）对受控方（行为或结果）进行监督、反馈，对出现偏离标准的行为进行纠错。渠道管理控制是指一个渠道成员对另一个渠道成员在某些决策问题上的影响（庄贵军，2004），或者是对渠道成员行为的协调（Celly & Frazier，1996；Joshi，2009）。常见的正式化渠道管理控制方式有三种：结果控制、过程控制和能力控制。结果控制强调施控方对受控方的行为结果进行控制。过程控制是指管理者试图影响受控者如何实现一个既定的任务，它与结果控制关注最终结果不同，过程控制关注的是行为或活动（Jawroski & Macinnis，1989），它强调在操作层面上，保证受控者行为不会偏离施控者的预期。能力控制强调发展受控方的技术和能力。

在契约型农产品营销渠道中，收购商和农户属于独立的经济个体，因此收购商对农户管理控制属于渠道成员之间控制关系，本书也将管理控制的三种方式（结果控制、过程控制、能力控制）应用于收购商对农户交易关系治理过程当中。其中，结果控制是收购商在交易最后一环，即交割环节对农户行为进行管理控制。具体而言，是指收购商根据合同规定的标准，对农户的行为结果进行监督检查和评估，即农产品交割环节的验货和评估。在契约型农产品渠道中，结果控制是最常见的，也是必不可少的控制方式，因为它决定双方在此次交易中的最终收益。

过程控制是收购商在农产品生产过程中对农户的行为进行管理控制的方式。过程控制是外在控制，它反映了收购商对于农户生产过程监督和管理，以期达到目标，强调对农户生产过程和实现目标方式的影响。在收购商对农户行为的过程控制中，不仅会监督农户是否按照规定程序进行生产，评估农户生产程序是否有利于生产出符合收购标准的农产品，当农户达不到收购商所要求的种植（养殖）标准时，收购商还会帮助农户改进生产过程。

能力控制也是收购商在农产品生产过程中对农户的行为进行管理控制的方式，但能力控制是内在控制，强调发展农户个人的农业技术或能力，具体指收购商对农户的农业技能水平设定标准，评估农户的生产技术是否有利于生产出符合收购标准的农产品，并在需要提升能力时进行指导。

（四）农户投机行为

投机行为作为交易成本的核心概念之一，一直是营销渠道治理研究的热点问题（Achrol & Gundlach，1999；Brown et al.，2000；Cavusgil et al.，2004；Wuyts & Geyskens，2005；Liu et al.，2009；张涛、庄贵军和季刚，2010；张闯、田敏和关宇虹，2012）。Williamson（1985b）将投机行为定义为不充分揭示或者歪曲有关信息以追求私利，特别是那种精心策划的误导、颠倒、歪曲或其他种种混淆视听的行为，它包括在关系开始（事前）有意地歪曲各种事实，以及在关系发展过程中（事后）各种形式的违规。Wathne 和 Heide（2000）根据渠道环境（原有环境/新环境）和行为（主动/被动）将投机行为分为四种类型：侵害、强制让步、逃避和拒绝调整。侵害是指渠道投机方在渠道环境没有发生变化时，主动寻求机会违背显性或隐性契约的行为。强制让步是指渠道投机方利用环境发生改变，依靠环境的掩护，迫使环境变动后在渠道中处于劣势的一方作出让步，主动寻求渠道投机的利益的行为。逃避是指渠道环境没有重大变化，由于缺乏相关的明确规定，渠道投机方逃避应承担的责任和义务，向渠道另一方转嫁损失。拒绝调整是指环境改变时，渠道投机方拒绝进行有利于改善渠道整体运作的行为，主导渠道改革方为了换取改革的整体行为必须牺牲利益，另一方借机谋利。由此可见，无论哪种形式的投机行为，投机的本质在于"欺骗性"的逐利行为，以牺牲对方经济利益为代价来获取自身利益的最大化。渠道投机行为会提高交易成本，降低渠道系统运行绩效和交易方的满意度,从而影响交易关系稳定性(Jap & Anderson,2003;Wang et al.,2013)。

交易成本理论认为,只要有机会,渠道成员就可能投机(Stump & Heide,1996)。Wathne 和 Heide(2000)认为,渠道投机行为发生在一定条件之下:一是对交易方的特质或行为存在信息不对称。信息不对称意味着交易一方发现投机行为的能力有限,也就是另一方在投机时并不能被发现,信息优势方可以利用对方的信息弱势,进行欺骗性的投机行为。二是交易方被锁定在关系中。通常是指交易一方为另一方进行了专有资产投资,使得己方被锁定在交易关系之中,而被锁定代表着己方不能没有经济损失地离开既定关系,为了维持关系,不得不接受另一方提出的苛刻条件。

本研究将主要关注农户两种类型的投机行为。一是扭曲信息,包括隐蔽的欺骗,或者是公开的歪曲信息。在契约型农产品营销渠道中,收购商和农户是独立的经济个体,不可避免地存在信息不对称,而农产品经验品和信任品的特性,进一步加深了双方的信息不对称,其中农户显然是农产品信息的优势方。农户投机具体行为可能包括:有意隐藏生产情况的信息;为了增加收入,将没有达到收购标准的产品掺杂在合格品中;为了从收购商那里获得额外的帮助和支持,可能会虚报产品的数量或质量。二是违背显性或隐性的承诺,例如逃避、不完成承诺或责任。在契约型农产品营销渠道中,常表现为当市场价格高于收购价时,农户会不按合同规定交货或者违反合同约定将农产品卖给他人等。

(五)农户绩效

渠道绩效是指所有渠道成员的产出以及渠道成员间的满意度水平(韩顺平、徐波,2007),它是交易关系的最终目的(Robicheaux & EI-Ansary,1976)。农户绩效不仅与目前迫切改变我国大部分农村落后面貌的"三农"政策直接相关,也与农产品收购商获得稳定货源和持续竞争力密切相关。

渠道绩效通常可由财务性指标或社会性指标,或者两者综合衡量(韩顺平、徐波,2007)。但现实中,财务性指标衡量居多。因此,本书也选取农户的财务性指标进行感知测量,包括农户的毛收入增长、农业纯收入增长等。

(六) 市场不确定性

不确定性作为 Williamson (1985a) 提出的两个关键的交易维度之一，一直以来受到学者们的广泛关注 (Klein et al., 1990; Noordewier et al., 1990; Cannon et al., 2000; Wuyts & Geyskens, 2005; Sheng et al., 2006; Zhou et al., 2008; Kim et al., 2009)。具体而言，不确定性是指由于缺乏信息或者没有能力区别相关的和不相关的数据，个体感到不能精确地预测环境的变化 (Milliken, 1987)。缺乏信息和没有能力辨别信息是导致不确定性的两个重要原因。

Gaski (1989) 认为渠道不确定性主要包括三类：①初级任务环境，或者直接的交易关系，包括供应商、顾客，甚至规制机构或者竞争者；②次级任务环境，主要包括供应商的供应商、顾客的顾客、实际和潜在的竞争者，以及管理机构和利益集团；③宏观环境，主要包括社会、经济、政治及技术上的波动力量。在农产品营销渠道中，外部环境不确定性主要来自农产品生产领域和流通领域，其中，流通领域的不确定性，也称之为市场不确定性，它与收购商和农户的交易直接相关。市场不确定性作为环境不确定性的重要维度，在市场经济条件下，是一个客观存在，不以人们主观意志为转移。

在契约型农产品渠道中，市场不确定性是指难以预测农产品的需求、价格等方面变化。由于市场波动带来的外部环境不确定性往往最终都体现在消费者需求变化上，具体表现为产品价格不稳定、需求多变性和预测偏差性。在农业生产领域，农民的生产和生活通常远离城市的最终消费者，加之我国农户生产规模小，文化素质低，因此相对于农产品收购商，无法获得及时有效的市场需求信息和消费者偏好的变化情况。这种不确定性会加剧他们对未来的悲观预期，因此更加看重眼前的利益，短期行为特征十分明显。这也使得他们与收购商关系的长期导向意愿并不强烈，投机行为十分普遍。

（七）农户专有资产净投入

专有资产是威廉姆森（1985a）提出的另一个关键的交易维度，一直是渠道治理理论研究的核心变量之一（钱丽萍，2008）。具体而言，专有资产是指交易方为了提高合作水平和合作收益为特定交易关系投入的资产，该资产不能够轻易转移或转移成本极高（Wang et al., 2013）。专有资产投资对渠道效率的贡献体现在三个方面：首先，专有资产相对于通用资产，具有更大的价值创造能力（Brown et al., 2000）。其次，专有资产投资方未来的收益与关系持续紧密相连，因此它被认为是一种关系承诺的信号，代表了投资方对交易关系持续的意愿（Vazquez et al., 2007）。最后，专有资产能够提升对方对交易的信心，降低了投资监督和控制另一方的需要，因而节约了渠道成本（Stump & Heide, 1996）。

双边的专有投资提升了交易双方对彼此的依赖和促进了成员间关系的持续（Gunlach et al., 1995；Jap & Anderson, 2003；Liu et al., 2009）。单边的专有资产投资提高了投资方对另一方的依赖，也可以促进双方关系的持续（Lusch & Brown, 1996；Jap & Anderson, 2003），但单边专有资产对于投资方可能是极度危险的，因为它很难被转移到交易关系外，一旦交易伙伴出现投机行为，它可能会导致关系终止和投资实际价值的丧失（Brown et al., 2000；Vazquez et al., 2007；Kim et al., 2009）。

在渠道中，不对称的专有投资经常发生，例如，交易一方为了获得相对的战略优势可能会相对于另一方投资更多，这种不对称的依赖意味着一方较少需要另一方，相对于另一方更有权力（Ryu & Eyuboglu, 2007）。在不对称关系中，权力优势方能够容易获得另一方的服从，权力弱势方阻止权力优势方使用权力的能力很弱（Kumar et al., 1995）。同时，少投资方的一方可能会利用这种优势，使得多投资的一方受到投机行为的侵害（Gunlach et al., 1995）。这种不对称的专有资产投资也可表现为专有资产净投入，它反映了渠道关系中企业依赖的比较程度（Lusch & Brown, 1996；Antia & Frazier, 2001），具体而言，是指交易双方投入的专有资产相减后的净值，体现了关系双方对特定关系投入状况，以及一方对另一方的净依赖程度（Anderson & Weitz，1992；Jap，1999）。专有资产净投入更能体现交易双方在渠道关系中的力量对比和关系状态，以及渠道一方的专有资产对另一方行为更为真实的影响。

在契约型农产品营销渠道中，交易双方都可能进行专有资产投入，农户为了适应收购者的要求，可能在时间、精力和（或）金钱等方面做出一些投入，如学习专门的技术、生产用地、固定资产（如圈舍、大棚等）、生产工具（如农机具），或其他生产资料（如肥料、饲料、种子等）。收购商也可能为农户生产销售提供专门的投入，如提供周转资金、赊销或垫付的生产资料、安排专门的技术人员，或其他投入（如专设的收购站及管理人员、在当地建设了加工厂或批发市场）。本书参照类似研究（Gulati & Sytch，2008；Mudambi & Helper，1998）所采用的处理方式，以依赖非对称性的优势程度（即农户专有资产与收购商专有资产的差值绝对值），也就是关系内专有资产净值，来衡量渠道间关系安排中的依赖非对称性程度。相应地，我们以在依赖非对称性中居于主导地位的农户作为研究的焦点（Focal），因此称为农户专有资产净投入。

三、收购商对农户的管理控制作为治理过程机制的合理性和可行性

治理过程是指交易关系建立后至关系结束前这段时间内，如何应用治理机制管理交易关系，特指治理机制的监督和执行过程。控制的具体活动包括设立标准、监督、评估、反馈和纠错（Dalton，1971）。因此，控制更多地应用于交易建立后日常的交往过程中（Zhang & Zhou，2013），可以作为治理过程机制。

在契约型农产品营销渠道中，收购商对农户管理控制属于渠道成员间控制关系，虽然他们之间正式化的权威关系并不那么强，使得监督和评估成员行为相对比较困难，但收购商对农户的管理控制作为治理过程机制仍然是合理和可行的。

收购商对农户的管理控制作为治理过程机制的合理性体现在以下几个

方面：首先，由于农产品生长周期长，以及产品特殊性（鲜活性、生产的定量化和标准化程度较低等），使得农产品营销渠道交易关系具有长期性和复杂性，意味着事前交易双方签订的契约具有更多的不完全性，因此需要对治理过程格外地关注。特别是面对高度风险规避的小农户，相对于内涵宽泛和缺乏强制力的关系治理，为了降低交易中的风险和不确定性，收购商在交易过程中可能更适宜采用正式化的控制机制。而且在交易关系建立后（契约签订后），收购商对农户从农产品生产过程到农产品交割，从外在生产流程到内在生产能力的全程控制，可能会达到更好的治理效果，因为这有助于收购商确定交易过程中产生的新问题，并为共同解决问题提供支持，即收购商可以及时有效地发现交易中的漏洞和农户行为的偏差并及时纠正，使其避免了更大的潜在损失。

其次，在高不确定性环境下，收购商对农户的管理控制可以使农户获得操作上的指导，并提高其对交易的可预测性，增强了农户的内在动机，激发了他们对提升绩效的兴趣和信心，不仅有助于提高交易绩效，还降低了收购商对农户单边控制的阻力。

最后，收购商对农户的管理控制为交易双方创造了更多的沟通和交流的机会，从而有效地降低了双方信息不对称，抑制农户的投机行为。因此，对于收购商而言，在契约型农产品渠道交易关系过程中，收购商对农户的管理控制的作用是极其重要的。

收购商对农户的管理控制作为治理过程机制的可行性体现在以下几个方面：

首先，收购商与农户之间渠道权力不对称。在契约型营销渠道中，渠道权力往往倾向于收购商一方，因为相对于小农户，收购商具有资金、信息和销售能力的相对优势，且农户高度依赖于这些资源，因此，无法拒绝收购商对农户的管理控制。

其次，农户常常需要收购商进行专有资产投资，特别是一些相对特殊的农产品。2011 年，我们在宁夏农垦集团调研发现，单纯搭建一个葡萄营养大棚就需要 20 万元的投资，这对一个普通农户家庭来说可能是巨大的成本负担，因此农户常需要接受收购商的专有投资，这也使得收购商更有资格或机会参与到农户的日常生产当中，从而对农户活动进行干预和指导。

再次，农民生产区域的相对集中。收购商往往是和某一村很多农户签订订单，由于农民生产生活的相对集中，降低了收购商监督农户行为的成本。

最后，农户对知识渴望。目前我国农户文化水平普遍偏低，在田敏等（2013、2014）对全国 19 个省的大样本调查中发现，大部分从事农业生产的农户以小学文化居多，但很多农产品生产需要更为专业的技术指导。

笔者在 2010 年夏天在宁夏对一户种香瓜的农户进行访谈中发现，农户对于给予他们提供技术指导的收购商的管理控制不仅没有抵触心理，而且还期望他能经常来看看，帮自己解决技术上的问题。这不仅可以增进彼此间的沟通交流，降低了双方信息不对称，而且有利于关系长期稳定。因此，在农产品渠道中，收购商对农户的管理控制是可行的。

第四章　研究假设

第一节　治理机制对治理过程的影响

一、契约完备性与收购商对农户的管理控制

正式契约代表了承担未来具体行为的责任或承诺（Macneil，1978；Zhou & Xu，2012），通过契约条款规定每一方的权利和责任，为合作提供了一个制度框架（Luo，2002；Li et al.，2010），该框架可以指导任务的执行并监督合作成员之间的交易（许景，2011）。契约越完备，承诺、责任和纠纷处理过程越被清晰地界定（Poppo & Zenger，2002；Kashyap、Antia & Fraier，2012），例如，完备契约可能会详细描绘承担的角色和义务，具体的监督程序和对违约行为的处罚，这可以为评估与绩效相关的投入和产出标准提供更好的指导，从而会促进随后的监督和执行努力（Ghosh & John，2005）。在契约型农产品营销渠道中，收购商与农户签订的书面契约越完整，意味着正式契约在农产品交割环节，详细规定收购的产品种类、数量、评级标准、价格及双方的违约责任等，这些详细的评估标准使得收购商对农户生产结果控制有章可循，有助于生产结果控制活动顺利开展。在

生产过程中，完备契约详细规定了农户应该遵守的生产程序（如施肥时间间隔、不打高毒农药）和收购商的相关权利（如对农产品生产的过程进行监督检查），使得收购商对农户的生产过程控制有章可依，有利于生产过程控制活动的进行。同时，完备契约详细规定了农户应该具备的种植（养殖）能力（如会给牲畜打防疫针等），以及收购商为提高农户生产技能开展的各项活动（如收购商定期派专人对农户进行技术培训、指导等），这为收购商控制农户生产能力提供了更好的标准，有利于收购商对农户生产能力控制活动的开展。

由此，本书提出研究假设 1：

H1a：农户与收购商签订的契约越完备，收购商对农户的生产结果控制水平越高；

H1b：农户与收购商签订的契约越完备，收购商对农户的生产过程控制水平越高；

H1c：农户与收购商签订的契约越完备，收购商对农户的生产能力控制水平越高。

二、人际关系规范与收购商对农户的管理控制

人际关系规范作为指导人们进行交往和互动的行为规则（庄贵军，2012b），界定了渠道成员间行为互动的标准。在中国关系取向的社会文化中，人情、注重感情等都是重要的人际关系规范。例如，在中国这个人情社会中，讲究做事做人要兼顾情和理（翟学伟，2004），也就是一个通晓人情的人，他能理解别人在不同生活情境里可能产生的情绪反应，进而喜其所喜，怒其所怒，甚至投其所好，避其所恶（黄光国等，2010），这意味着双方不会只从自己角度思考问题，对施控方而言，会尽可能减少单边控制过程中对受控方的（言语上）冒犯；对于受控方而言，会考虑到施控方管理控制带来实际好处，从而有利于管理控制活动的开展。同时，注重感情，意味着双方在交往过程中关注对方情感和精神上的需要，不会（说）做出伤害感情的话语或行为。而且，情感上的依赖会促使彼此坦诚

的交流，增进理解和关心（Yen、Barnes & Wang，2011），这有利于缓解单边控制带来的紧张氛围，促进了管理控制活动的顺利开展。

在契约型农产品渠道交易关系中，收购商在农产品交割环节对农户的产品进行评估、检查，与农户利益直接相关，难免会出现矛盾和纠纷。当双方人际关系规范程度高时，意味着交易双方"注重感情"。收购商会自然流露出对农户的体贴和尊重，愿意倾听农户的意见，农户也会相信收购商的控制行为不是为了剥夺自己利益，而是履行必要的程序，因而会缓解单边控制带来的紧张氛围，有利于收购商对农户的生产结果控制。在农产品生产过程中，收购商要求农户按照规定的生产流程种植农产品，这可能会侵犯农户自由选择生产方式的自主权。当收购商和农户人际规范程度高时，收购商会向农户耐心解释选择这种生产方式的原因，农户也会相信收购商行为的正确性，从而有利于收购商对农户生产过程控制。同时，在农产品生产过程中，收购商要对农户生产能力进行严格的评估，这可能会招致农户的不满，认为是在质疑自己的能力。当双方人际关系规范程度高时，意味着收购商和农户都重视人情观念，彼此都不会凡事只从自己角度去考虑问题。农户会认为收购商这种严格评估是为了更有针对性的培训和指导，是合情合理的，这有助于提升交易双方的互信和合作，进而有利于收购商对农户能力控制活动的开展。

由此，本书提出研究假设 2：

H2a：农户与收购商之间人际关系规范程度越高，收购商对农户的生产结果控制水平越高；

H2b：农户与收购商之间人际关系规范程度越高，收购商对农户的生产过程控制水平越高；

H2c：农户与收购商之间人际关系规范程度越高，收购商对农户的生产能力控制水平越高。

第二节 治理过程对渠道行为结果的影响

一、收购商对农户的管理控制与农户投机行为

在非一体化营销渠道结构中，由于相互依赖的渠道成员是相互独立的，拥有各自不同的目标，为了追求自身利益最大化，渠道成员常以牺牲对方经济利益为代价，进行"欺骗性"的逐利行为。渠道成员的这种投机行为会提高对方的交易成本，降低渠道系统运行绩效和交易方的满意度，从而影响交易关系稳定性（Jap & Anderson，2003；Wang et al.，2013）。因此，对投机行为的抑制一直是渠道治理的核心问题（Wathne & Heide，2000）。在契约型农产品营销渠道中，农户的投机行为主要源于收购商对农户的特质或行为存在信息不对称（Wathne & Heide，2000），如农户可能有意隐藏生产情况的信息；为了从收购商那里获得额外的帮助和支持，可能会虚报产品的数量或质量，或者违背显性或隐性的承诺，例如逃避、不完成承诺，当市场价格高于收购价时，不按合同规定交货或者违反合同约定将农产品卖给他人等。

为了降低渠道成员的投机行为，需要对渠道成员进行管理控制。控制之所以可以降低渠道成员的投机行为，主要是基于以下两点：

一是控制的信息作用。控制通过监督、评估和反馈活动降低了施控者和受控者之间的信息不对称，特别是控制的监督环节能够明显降低交易双方的信息不对称，提高了施控者觉察被控者投机行为的能力（Stump & Heide，1996）。同时，在控制的执行过程中，不仅使管理者获得受控者的信息，还为施控者和受控者提供了沟通交流的机会，促使双方了解到彼此的期望，降低了双方的信息不对称。

二是控制的强化作用。管理者会正强化，也就是奖励那些组织需要的行为，从而加强这种行为。同时，管理者会惩罚对组织不利或者造成损失的错误行为，使犯错者感到挫折，从而削弱这种行为再次发生（Challagalla & Shervani，1996）。

在契约型农产品营销渠道中，收购商对农户行为结果控制中，通过严格监督检查和惩罚机制降低了农户在农产品交割环节，将没有达到收购标准的产品掺杂到合格产品中，或为了得到额外的销售支持、虚报产品的数量或质量等投机行为；在收购商对农户的过程控制中，收购商通过不定期的监督检查，降低了农户在生产过程中不遵守规定程序的生产活动，如没有按期修剪葡萄藤，使用禁止的高毒农药等投机行为。同时，收购商在过程控制中还可能帮助农户改进种植（养殖）过程，这意味着控制实施过程还可能存在知识传递，而知识传递具有激励效果（Oliver & Anderson，1994），提高了双方沟通的频率和质量（Hernandez & Arcas，2003），进一步降低了收购商与农户之间的信息不对称，进而降低了农户的投机行为。在收购商对农户的能力控制中，收购商提供技能指导需要付出很多时间和努力，这也为他提供了与农户大量互动和交流的机会。因此，能力控制不仅降低了双方的信息不对称，同时收购商所提供的指导和训练会被认为是一种关心（Fry et al.，1986），进而抑制了农户的投机行为。

由此，本书提出研究假设 3：

H3a：收购商对农户的生产结果控制水平越高，农户投机行为越少；

H3b：收购商对农户的生产过程控制水平越高，农户投机行为越少；

H3c：收购商对农户的生产能力控制水平越高，农户投机行为越少。

二、收购商对农户的管理控制与农户绩效

渠道绩效是指渠道成员的产出以及渠道成员间的满意度水平（韩顺平、徐波，2007），它是交易关系的最终目的（Robicheaux & EI-Ansary，1976）。在契约型农产品营销渠道中，农户绩效的提高不仅与目前迫切改变我国农业弱质性、农民弱势群体及农村落后现状直接相关，也与农产品

收购商获得稳定货源和持续竞争力密切相关。

通常渠道成员的绩效增长取决于两个方面的因素：一是渠道成员自身因素，如内部管理水平或个人执行力等。二是外界的因素，特别是渠道成员是否从其他成员那里获得了其发展所需要的关键资源，如有价值的信息。管理控制可以通过以上两个方面帮助渠道成员提升绩效。

首先，根据激励理论，交易一方之所以愿意服从或接受另一方命令或安排，是因为这样的影响能给自己带来所期待的利益（Anderson & Oliver，1987）。例如，结果控制会在事前清晰阐明受控者最终可以获得的经济上和非经济的利益，以及不遵从行为的惩罚，使得他们清晰地认识到目标收获和付出之间的关系，这为受控方提供一种方向感，激励他们寻找更为合适的策略去完成结果目标（Challagalla & Shervani，1996），进而有助于提高绩效。

其次，过程控制和能力控制中的知识传递，提供了使他们工作更加有效的信息（Agarwal & Ramaswami，1993），有助于绩效的提高。此外，能力控制通过指导和训练增进受控方的能力会提高其内在动机，促使其对任务产生更强烈的兴趣（Deci & Ryan，1985），进而提高了绩效（Grant & Cravent，1996）。

在契约型农产品营销渠道中，当收购商对农户生产进行结果控制时，即收购商通过明确详细的收购标准（收购的产品种类、数量、评级标准、价格）激发了农户为了最终收益目标而努力的行为动机；在收购商对农户过程控制中，收购商通过监督指导，避免了农户可能在生产过程中重大失误（例如，提醒农户按时给牲畜打疫苗），进而提高了绩效。同时，收购商帮助农户改进种植（养殖）过程，为他们生产提供有效的信息，而这些信息具有激励效果（Oliver & Anderson，1994），进而促进了农户绩效的提高；在收购商对农户的能力控制中，收购商通过确保农户拥有能够实现好的绩效的技能和能力来影响他们的绩效，例如定期对农户进行动物防疫知识普及、农药知识宣传等，这些旨在提高能力的信息可能会满足个人对能力的内在心理需求和提高他（她）的内在心理动机（Deci & Ryan，1985），促使他们对提高绩效展现出极大的兴趣，进而有利于农户绩效的提高。

由此，本书提出研究假设4：

H4a：收购商对农户的生产结果控制水平越高，农户绩效越高；

H4b：收购商对农户的生产过程控制水平越高，农户绩效越高；

H4c：收购商对农户的生产能力控制水平越高，农户绩效越高。

第三节　收购商对农户管理控制的中介作用

一、收购商对农户的管理控制在契约完备性与农户投机行为之间的中介作用

Williamson（1996）提出正式契约是保护交易免受投机行为侵害的主要机制。完备契约通过详细的契约条款界定了渠道成员可能发生投机行为的领域（Poppo & Zenger，2002），明确地阐明了各种未来情形如何处理，降低了交易方隐藏与绩效相关的信息（例如能力限制的相关信息）（Wuyts & Geyskens，2005），特别是包含渠道成员违背契约所面临的法律和经济处罚，为交易提供了保护机制，因此会降低交易方的投机行为（Jap & Ganesan，2000；Yu et al.，2006）。

但在中国转型经济背景下，契约完备性对渠道成员的投机行为的影响可能需要对渠道成员进行管理控制作为中介。

首先，契约条款最明显的好处是可以使用法律制裁迫使交易者按照契约条款的内容执行（Klein，1996）。因为契约的一致性和它协调的有效性很大程度上取决于实践执行的效果（Stern、EI-Ansary & Coughlan，1996），而正式契约执行的一个潜在的关键前提取决于完整的法律制度（North，1990）。在中国，保护契约执行的法律制度是不健全的或发展相对滞后的，

这降低了正式契约的理想效果（Zhou & Poppo，2010）。由于执行的不确定性和法律条文的可变性，企业很难确保交易对方会遵守最初的协议（Yu et al.，2006；Zhou、Poppo & Yang，2008；Zhang & Zhou，2013）。因此，虽然完备契约详细规定了当事方违背契约条款的投机行为的法律和经济处罚，但我国制度环境的不健全，意味着交易方违约后不会受到相应的惩罚（Zhou & Xu，2012），这降低了法律契约的震慑力，需要寻求其他机制保障契约执行的一致性和有效性。管理控制主要强调交易过程中对受控方行为的监督、反馈和纠偏，不仅有利于发现成员行为的不一致，而且可以及时对交易方的不规范行为进行惩罚或纠偏（Zhang & Zhou，2013），进而降低了渠道成员的投机行为，保障了契约内容得到有效的执行，因此，完备契约需要通过管理控制进而抑制渠道成员的投机行为。

其次，完备契约规定了当事方在一个时间跨度内的详细行动计划（许景，2011），因为管理者具有有限理性，完备契约无法涵盖交易中所有细节，特别是在长期关系或波动环境下（Gundlach & Achrol，1993），受制于人们表述，或者预见和解释未来发生的事情的能力，不可能预测到所有未来发生的事情（Macneil，1980；Achrol & Gundlach，1999；Cannon、Achrol & Gundlach，2000；Zhang & Zhou，2013），也就是无论契约如何明确，交易的特定维度也是不可能完全界定的（Wuyts & Geyskens，2005）。而交易成本理论认为只要有机会，渠道成员就可能投机（Stump & Heide，1996），即投机行为既会出现在契约规定的领域内，也会出现在契约未规定的领域（Zhou & Xu，2012），因而，这些契约未规定的"空白区域"将成为决定交易关系稳定性的关键。管理控制理论更多地应用于交易双方日常的交往过程，在应对无法预期的波动时更加具有弹性，可以规定如何完成组织目标的具体细节（Heide，2003）。因此，管理控制在执行过程中根据具体情况，提供明确的指导或规则程序可以填补完备契约在交易过程中管理交易细节或计划外事件中的不足，进而有助于实现对渠道成员投机行为的抑制。

在契约型农产品营销渠道中，完备契约更需要通过收购商对农户的管理控制进而影响农户的投机行为。

首先，完备契约面临着法律执行的困难。目前保障我国农产品交易纠纷的法律制度不健全，而且当发现农户的投机行为，收购商在决定是否请求第三方规制对方的行为时，面临着一个成本与收益的权衡。收购商的收益是单个农户的赔偿，而其成本则是诉诸法院的费用。对于资源占有量有限的单个农户而言，收购商的胜诉收益会大大低于其成本。再加上农户的分散与为数众多，理性的收购商一般不会请求第三方对农户的违约行为进行规制（张闯、夏春玉，2005）。

其次，农产品的特性使得事前签订的完备契约在约束农户事后投机行为时存在不足。与普通工业产品相比，农产品的生长过程受到严重的自然条件约束，而且生长周期长，具有经验品和信任品的特性，这些特性带来的高度不确定性，使得完备契约无法界定所有农户投机行为的领域，而控制在执行的过程中可以通过直接的观察和监督，降低双方的信息不对称（Crosno & Brown，2014）。因此，控制作为一种事后治理机制（Zhang & Zhou，2013），不仅保障了事前签订的完备契约的有效执行，还可以弥补完备契约存在的不足之处，进而抑制农户的投机行为。

具体而言，在农产品的交割环节，收购商通过严格地监督、检查农户生产结果，保证了完备契约中所详细规定的交易事项（如产品种类、数量、评级标准等）能够顺利进行，避免了农户将没有达到收购标准的产品掺杂到合格品中，或者是有意隐瞒产品数量和质量信息等投机行为。在农产品生产过程中，收购商通过不定期监督检查农户的生产流程和具体操作，不仅使得农户不敢轻易采取投机行为，保证了完备契约中预期目标能够实现，而且这种直接观察农户的控制行为，还有助于发现契约规定内容之外，农户潜在的投机行为，并采取及时的纠偏或惩罚措施，降低农户的投机行为。此外，收购商通过对农户生产能力的评估、培训指导，不仅保证了完备契约中对农户生产能力考核顺利进行，避免了农户隐藏能力信息骗取额外支持的投机行为。同时，收购商对农户的技术指导，还有助于农户解决完备契约中可能所未预见到的突发状况（如大面积的病虫害），促使农户相信收购商不是只站在自己角度施加命令和剥夺他们的利益，会认同收购商控制的合法权利，并将自己绩效的提高归结于收购商的（权威），进而提高他们对收购商的依赖和关系的长期的承诺（Hernandez & Arcas，2003），因此不会轻易采取投机行为。

由此，本书提出研究假设5：

H5a：收购商对农户的生产结果控制在契约完备性对农户投机行为的影响过程中起到中介作用；

H5b：收购商对农户的生产过程控制在契约完备性对农户投机行为的影响过程中起到中介作用；

H5c：收购商对农户的生产能力控制在契约完备性对农户投机行为的影响过程中起到中介作用。

二、收购商对农户的管理控制在契约完备性与农户绩效之间的中介作用

完备契约为交易提供了一个更为全面的法律和制度框架，可以有效地指导交易双方履行各自的职责，并通过设计各种经济激励措施促进渠道成员之间的相互依赖和合作行为，进而提高了渠道绩效（Lusch & Brown，1996；Cannon et al.，2000；Luo et al.，2009）。但如上文所述，在目前中国制度转型阶段，保障契约执行的法律法规等正式制度尚不完善（Xin & Pearce，1996；Yang et al.，2011），这制约了明确契约在执行过程中的一致性和它协调的有效性（Stern et al.，1996；Antia & Frazier，2001；Sheng et al.，2011）。同时，完备契约无论如何详尽，也不可能规定未来所有可能发生的事情（Wuyts & Geyskens，2005；Zhou & Xu，2012），因此需要通过管理控制保证契约条款的执行和契约条款外突发事件的处理，进而提高交易方的绩效。

在契约型农产品营销渠道中，完备契约作为管理收购商和农户交易关系的主要治理机制，在对农户绩效的影响过程中需要收购商对农户的管理控制作为中介。

首先，农产品具有鲜活性、生产定量化和标准化程度低的特点，意味

着收购商如果想获得大量、高品质的农产品，必须高度重视农产品生产和交易过程。完备契约虽然尽可能地规定了农户在生产或交易过程中应该遵守的各项要求，但由于法律执行的震慑力不足，农户出于短期收益最大化，不按照契约要求操作时有发生，例如在生产过程中，私自将收购商提供的有机肥料换成普通肥料，影响了农产品的品质，进而降低了农户的长期绩效。因此需要收购商对农户生产过程进行控制，监督农户的生产行为，出现问题及时纠正，才能保证完备契约中有助于提高农户绩效的契约条款得到有效执行。

其次，农业是一个自然再生产和社会再生产相互交织的过程，这决定了与普通工业品相比，预测与农产品交易相关的事件非常困难，即使契约再完整，也注定存在管理的"空白区域"。与此同时，我国大量小农户文化水平不高，受资金、信息条件约束，抗风险能力相对较弱，因此他们需要收购商在生产中提供有价值的管理控制，以帮助他们提高交易绩效。

具体而言，在农产品交割环节，收购商通过对农户行为结果进行监督和检查，保障了完备契约中所有保护交易绩效契约条款能够得到有效实施（如严格分类标准），同时还有助于发现农户交割阶段存在的问题（例如没有对某些易腐的农产品进行合理的包装），进而为其提供相应的指导和帮助，提高了农户绩效；在农产品生产过程中，收购商通过不定期的监督和检查，使得农户按照完备契约中所规定的科学合理的生产流程进行操作，保障了农产品的品质，还有助于发现农户生产过程中出现新的问题，提醒、帮助农户弥补其过失，进而提高了农户绩效。同时，收购商对农户生产能力的控制既可以检查农户是否具备完备契约中所要求的生产能力，还有助于发现契约无法预测的技术难题（如遭遇外来物种入侵），进而为农户提供相应的技术支持和指导，这些来自收购商的技术知识将会转化为高质量的行为结果，即农户绩效的提高。

由此，本书提出研究假设6：

H6a：收购商对农户的生产结果控制在契约完备性对农户绩效的影响过程中起到中介作用；

　　H6b：收购商对农户的生产过程控制在契约完备性对农户绩效的影响过程中起到中介作用；

　　H6c：收购商对农户的生产能力控制在契约完备性对农户绩效的影响过程中起到中介作用。

三、收购商对农户的管理控制在人际关系规范与农户投机行为之间的中介作用

　　关系治理通过内部化和道德控制的方式来管理交易行为（Larson，1992；Joshi & Stump，1999；Gundlach et al.，1995），它促使双方注重关系的长期价值，降低了交易中的短期行为（Gundlach & Achrol，1993）。虽然研究发现在契约型农产品营销渠道中，收购商和农户之间的人际关系能够抑制农户的投机行为（田敏等，2014），但这一过程可能需要收购商对农户行为控制作为中介，这是因为关系规范界定了渠道成员应该如何对待对方的标准，但它并不是行为本身（Lusch & Brown，1996）。关系规范建立在双方共享价值观和行为期望之上，隐含于具体的行动或状态中，可能无法直接用于渠道治理中（Zhuang et al.，2010），这也意味着需要渠道治理过程机制中的行为活动为关系规范发挥作用提供媒介，从而达到抑制渠道投机行为的目的。具体而言，渠道成员之间的人际关系规范程度高，意味着交易双方在交往过程中遵守人情法则、重视彼此之间的感情。人情是一个人对日常生活中面对各种情况的情感反应，是指导一个人与他人友好相处所遵循的社会交往规范（黄光国等，2010）。但是，人情法则只有融入具体渠道活动中，才能发挥其预期作用，也就是促进双方的互动和交流，从而降低彼此的信息不对称，抑制了渠道投机行为。同时，重视感情，意味着渠道成员之间谦和有礼，不会轻易做伤害感情的事情，但这样的行为准则只有融入具体渠道活动中，才能提升双方情感程度，也就是促进成员间忠诚、团结和奉献（Chen & Chen，2004），进而有利于降低渠道成员的投机行为。

　　在契约型农产品营销渠道的（农户）投机行为存在于交易过程中，而

且从来不为零（Williamson，1993；Jap & Anderson，2003），而收购商对农户的管理控制活动（生产结果控制、生产过程控制和生产能力控制）贯穿于收购商与农户交易中互动的全过程，可以为人际关系规范抑制农户投机行为提供影响途径。换言之，人际关系规范通过有利于收购商对农户的管理控制活动的开展，进而抑制了农户的投机行为。具体而言，在农产品交割环节，收购商与农户之间的人际关系规范程度高，意味着双方"重视感情"，收购商会自然流露出对农户的体贴和尊重，愿意倾听农户的意见，农户也会相信收购商的控制行为不是为了剥夺自己利益，而是履行必要的程序，有利于收购商对农户的农产品进行评估检查，这降低了收购商和农户在交割环节的信息不对称，进而抑制了农户的投机行为；在农产品生产过程中，双方重视感情，意味着对对方有积极的情感（Yen、Barnes & Wang，2011），这有利于降低收购商对农户单边控制带来的抵触心理和不安情绪，使得收购商对农户生产过程的监督检查更加顺利，提高了收购商获取农户生产环节信息的水平，进而抑制了农户的投机行为。此外，收购商与农户之间人际关系规范程度高，还表现在双方存在密切的人情往来，这有利于双方的坦诚沟通，因而农户不会有意隐瞒自己生产技术能力方面的不足，增强了收购商对农户生产能力方面的了解，进而抑制了其可能的投机行为。

由此，本书提出研究假设 7：

H7a：收购商对农户的生产结果控制在人际关系规范对农户投机行为的影响过程中起到中介作用；

H7b：收购商对农户的生产过程控制在人际关系规范对农户投机行为的影响过程中起到中介作用；

H7c：收购商对农户的生产能力控制在人际关系规范对农户投机行为的影响过程中起到中介作用。

四、收购商对农户的管理控制在人际关系规范与农户绩效之间的中介作用

关系治理的核心观点是创造一个和谐友好的合作氛围，有利于双方的沟通与协调，促进共同利益的成长和关系的持续（Achrol & Gundlach，1999；Joshi & Stump，1999；Vazquez et al.，2007；Liu et al.，2009）。张闯等（2010）和陈灿等（2010）研究发现，人际关系规范有助于促进农户绩效的提高，但人际关系规范对农户绩效的提高可能需要收购商对农户的管理控制作为中介。关系治理并不是存在真空环境中的，它必须在具体交易环境中可以操作（Noordewier et al.，1990），也就是人际关系规范只有融入农户价值创造活动中才能达到促进农户绩效提升的目的。通常农户绩效的提高取决于两个方面：一是生产出来的农产品能够顺利销售并获得理想的价格。由于农产品具有鲜活易腐性，不易长期保存或保存成本过高，如果不能实现从产品到商品的价值转换过程，将会给农户带来巨大的经济损失。二是提高农产品的产量和品质，这与农户的生产流程是否科学合理和生产技能高低密切相关。人际关系规范可以通过促进收购商对农户的管理控制活动的开展，即有利于农产品销售、农户生产流程改善和农户生产技能提升，进而提高了农户绩效。

费孝通（2008）认为，所谓"差序格局"的社会，是一种维系着私人道德的社会，是由无数私人关系搭成的网络。"私人道德"决定中国人对"自己人"和"外人"将采取对照鲜明的行事原则，对"自己人"亲密、信任、负责任，对"外人"疏远、怀疑、与己无关（杨宜音，1999）。因此，中国人在人际交往过程中，不仅要建立关系、维系关系，更重要的是发展为良好的人际关系，使自己成为某些人的"自己人"。当收购商与农户人际关系规范高时，即双方遵守人情法则、重视感情，也意味着收购商将农户视为"自己人"，"自己人"会充分信任，对方遇到困难时，己方会尽最大努力帮助，而且凡事好商量，不会斤斤计较（田敏等，2014），而收购商对农户亲疏有别的待遇需要融入农户的价值创造活动才能促进农户

绩效的提高。

具体而言，在农产品交割环节，收购商将农户视为"自己人"，意味着收购商会给农户提供额外支持，如免费运输工具，在农产品评级时不会斤斤计较，使得农户的农产品能够顺利完成交割，避免讨价还价浪费更多成本，或者延误农产品销售的最佳时机，进而提高了农户绩效。在农产品生产环节，收购商将农户视为"自己人"，体现在帮助农户设计科学合理的生产流程，进而提高了绩效。同时，收购商将农户视为"自己人"，会对农户提供全方面的技术指导和培训，这提升了农户努力提高农产品产量和品质的积极性和信心，进而有助于绩效的提高。

由此，本书提出研究假设 8：

H8a：收购商对农户的生产结果控制在人际关系规范对农户绩效的影响过程中起到中介作用；

H8b：收购商对农户的生产过程控制在人际关系规范对农户绩效的影响过程中起到中介作用；

H8c：收购商对农户的生产能力控制在人际关系规范对农户绩效的影响过程中起到中介作用。

第四节 重要的环境/交易因素对治理机制与治理过程机制之间关系的调节影响

一、市场不确定性对契约完备性与管理控制之间关系的调节影响

如上文所述，契约完备性有利于收购商对农户的管理控制（假设 H1）。但是当市场不确定性高时，即农产品价格不稳定、消费者需求多变，以及

收购商预测未来的偏差性高，这些不确定因素会加大未来交易的风险，也影响了契约完备性对农户管理控制的正向影响。

首先，市场不确定性降低了完备契约的有效性（Cannon et al.，2000），进而削弱了正式契约对生产结果控制的正向影响作用。当市场不确定性高时，意味着在交易过程中外界环境与交易前环境大不相同，契约作为一种事前的管理机制（Kashyap et al.，2012），试图在基于事前既定的环境中规定（双方）所有的权利和义务（Aulakh & Gencturk，2007）（特别是农产品契约往往是根据上年行情签订的），当交易过程中外部环境发生变化后，部分契约条款对指导现有交易有效性会明显降低。例如，市场行情迅速变化，使得收购商与农户事前签订的购销合同中所规定农产品的需求量或订单价格，与交割时市场的需求量和价格发生很大的偏离，从而降低了完备契约在有效指导收购商对农户生产结果控制过程中的作用。

其次，市场不确定性会增强农户感知到的风险，进而强化了契约完备性与生产过程控制之间的正相关关系。市场不确定性越高，农户感知到未知风险越大，为了避免或弥补未来可能的损失，农户在生产过程中的投机行为会更加频繁（Rindfleisch & Heide，1997）。因此，收购商为了避免在生产过程中制裁农户各种投机行为引起的进一步纠纷，更加需要通过完备契约在事前界定在生产过程中农户应该遵守的行为，以及不遵守这些行为的惩罚措施，进而提高了生产过程控制水平。

最后，市场不确定性降低了契约的完备程度，进而削弱了正式契约对农户生产能力控制的正向影响。不确定性越高，意味着当事方越没有能力预测到未来所有发生的事情，使得合同在某些重要的方面可能是不完全的（John & Weitz，1984；Klein、Frazier & Roth，1990），进而不能为更好地评估和检查农户行为提供完备的标准。例如，当市场不确定性高时，农户会根据市场行情的变化，调整种植面积，而收购商与农户事前签订的契约中可能未曾预见到市场行情变化导致农户行为的上述变化。同时，由于收购商的生产能力控制水平不仅取决于农户配合程度，还主要取决于收购商的投入水平（Challagalla & Shervani，1996）。因此，根据事前规定的种植规模投入到农户生产能力控制的物质和人力资源可能会明显不足，从而不利于收购商对农户生产能力控制活动的开展。

由此，本出提出研究假设 9：

H9a：市场不确定性对契约完备性与收购商对农户生产结果控制之间的正向相关关系起到负向调节作用；

H9b：市场不确定性对契约完备性与收购商对农户生产过程控制之间的正向相关关系起到正向调节作用；

H9c：市场不确定性对契约完备性与收购商对农户生产能力控制之间的正向相关关系起到负向调节作用。

二、市场不确定性对人际关系规范与管理控制之间关系的调节影响

如上文所述，人际关系规范有利于收购商对农户的管理控制（假设 H2），而市场不确定性会强化人际关系规范对农户行为控制的正向影响。当市场不确定性提升时，有限的认知能力限制了（管理者）考虑到所有与交易相关的事项，协调变化的努力变得非常重要（Williamson，1985b；Noordewier et al.，1990；Kim、Stump & Oh，2009），而且在不确定环境中，因为需求是迅速变化的，信息变得非常重要（Noordewier et al.，1990）。因此，交易双方为了获得更多有价值的信息，会更加注重互动和交流，为交易营造一个和谐友好的合作氛围，从而有利于双方的沟通与协调（Cannon、Achrol & Gundlach，2000；Genctrurk & Aulakh，2007；Liu et al.，2009），进而提升了对渠道成员的控制水平。

在契约型农产品营销渠道中，高度的市场不确定性意味着交易双方需要更多信息预测消费者需求和偏好的变化，特别是对于小农户而言，他们的生产和生活通常远离城市，加之生产规模小、文化素质低，相对于收购商，无法获得及时有效的市场需求信息和消费者偏好变化情况。因此，农户为了获得更多有价值的信息，需要增强与收购商的互动交流，而频繁的互动能够显著地促进双方的关系治理（Gundlach & Achrol，1993），进而有

助于收购商对农户的行为控制。

　　具体而言，在农产品交割环节，当市场不确定性高时，为了获得更多的市场行情信息，农户会提高与收购商的人际关系规范程度，即密切双方的人情往来，拉近彼此之间的距离，从而有利于收购商对农户生产结果的控制；在农产品生产环节，当市场不确定性高时，农户为了获得更多市场行情信息，会增进与收购商的情感交流，因为高度亲密的关系会呈现出关系双方频繁、广泛、双向的沟通（Krackhardt，1992；Stanko et al.，2007），因此农户也会积极主动地配合收购商监督检查，听取收购商对生产流程改进，从而有利于收购商对农户生产过程控制。同时，农户也会主动参与到收购商生产技能评估和技术培训中，有利于收购商对农户生产能力的控制。

　　由此，本书提出研究假设10：

　　H10a：市场不确定性对人际关系规范与收购商对农户生产结果控制之间的正向相关关系起到正向调节作用；

　　H10b：市场不确定性对人际关系规范与收购商对农户生产过程控制之间的正向相关关系起到正向调节作用；

　　H10c：市场不确定性对人际关系规范与收购商对农户生产能力控制之间的正向相关关系起到正向调节作用。

三、农户专有资产净投入对契约完备性与管理控制之间关系的调节影响

　　完备契约通过详细的契约条款为收购商更好地控制农户行为提供了标准，从而有利于收购商对农户的管理控制（假设H1）。但当农户专有资产净投入高时，会降低契约完备性对农户管理控制的正向影响。农户专有资产净投入是指农户专有资产减去收购商专有资产后的净值，它体现了农户作为投资方在渠道关系中对收购商的净依赖程度。农户专有资产净投入相对于通用资产，具有更大的价值创造能力，能为渠道成员创造更多的收益，因此更加的有效果和有效率（Ghosh & John，1999；Jap，1999），也是农户对关系承诺的一种信号（Brown et al.，2000）。但专有资产的价值取

决于关系维系，也就是不能够轻易转移或转移成本极高（Wang et al., 2013）。因此为了维系专有资产的价值，投资方的行为受制于交易另一方，这也降低了交易另一方通过其他治理机制（如完备契约）来约束投资方行为的需要（Stump & Heide，1996）。因此，Liu 等（2009）认为契约和专有资产是相互替代的。在收购商对农户的行为控制中，当农户专有资产净投入高时，例如种植（养殖）一些特殊的农产品（如中药材、水貂），农户需要投入大量时间、精力和资金，一旦收购商中途提出终止关系，这些投资实际价值会有严重的丧失（因为对于弱势的农户而言，这些农产品销售渠道极为有限），因此农户会积极配合收购商的安排，这明显降低了收购商对其管理控制的难度，也降低了完备契约对管理控制指导作用。因为在这种情况下，即使没有契约约束，农户也会听从和配合收购商的行动。

具体而言，当农户专有资产净投入高时，在农产品交割环节，农户急于将农产品销售给收购商，即使契约没有规定农户要主动送货上门或将产品包装好，只要收购商在收购时有这个需要，农户会积极配合；在生产过程控制中，即使契约中没有规定农户一定要按照收购商生产流程操作，只要收购商在检查中提出这个需要，农户会完全按照收购商新的标准操作；在生产能力控制中，农户会完全服从收购商各种能力评估和指导（即使契约中没有要求），因为只有技能提高，农产品合格率才能提高，最终的投资才能收回。

由此，本书提出研究假设 11：

H11a：农户专有资产净投入对契约完备性与收购商对农户生产结果控制之间的正向相关关系起到负向调节作用；

H11b：农户专有资产净投入对契约完备性与收购商对农户生产过程控制之间的正向相关关系起到负向调节作用；

H11c：农户专有资产净投入对契约完备性与收购商对农户生产能力控制之间的正向相关关系起到负向调节作用。

四、农户专有资产净投入对人际关系规范与管理控制之间关系的调节影响

如上文所述，收购商对农户施行有效控制的关键在于农户的配合。控制提高了一方的控制权是以另一方放弃自由处置权为代价的，无论哪种方式的管理控制都会增加受控一方的心理压力和工作紧张（Ramaswami，1996），因此容易引起受控方逆反情绪和激化双边矛盾。人际关系规范为交易双方创造了一个和谐的沟通氛围，使得交易活动更加顺畅，通过提升信任和合作，增强了收购商对农户管理控制的水平（假设 H2）。但是，当农户专有资产净投入高时，人际关系规范对管理控制的正向影响会被削弱。这是因为，为了防止投入的专有资产实际价值的严重丧失，农户会为了维系现有关系而做出让步，即使很多时候，收购商的要求可能是不合理的或者给农户增加了额外的经济负担。这也就意味着在这种情况下，管理控制行为已成为收购商单边的命令，且这种单边主宰是被农户所接受的。因此，人际关系规范在缓解收购商单边控制紧张氛围过程中的沟通和协调作用会明显降低。

具体而言，在农产品交割环节，当农户专有资产净投入高时，即使收购商对农户缺乏礼貌，对其上交的农产品提出各种不合理的要求（例如，要求提高农产品包装等级），农户为了尽快收回专有资产投入，也会尽其所能地满足收购商的各种要求，而不是与其据理力争，激化矛盾。因此，农户专有资产净投入削弱了人际关系规范对生产结果控制的正向影响。在农产品生产过程中，当农户专有资产净投入高时，即使收购商要求农户完全按照自己的生产流程进行操作，彻底摒弃先前成本较低的生产方式，农户为了保障投入专有资产带来的收益，会为了维系交易关系，避免与收购商产生正面冲突，即放弃与收购商进行交涉谈判。因此，农户专有资产净投入削弱了人际关系规范对生产过程控制的正向影响。同时，当农户专有资产净投入高时，农户为了防止收购商中途毁约带来的专有资产实际价值的严重丧失，也会忍受收购商对其生产能力的各种检查，以及发现能力不

足时的苛责，因此，农户专有资产净投入缩小了人际关系规范对生产能力控制的正向影响。

由此，本书提出研究假设 12：

H12a：农户专有资产净投入对人际关系规范与收购商对农户生产结果控制之间的正向相关关系起到负向调节作用；

H12b：农户专有资产净投入对人际关系规范与收购商对农户生产过程控制之间的正向相关关系起到负向调节作用；

H12c：农户专有资产净投入对人际关系规范与收购商对农户生产能力控制之间的正向相关关系起到负向调节作用。

第五章　研究设计与假设检验

第一节　研究设计

一、问卷设计

本书以参与契约型交易的农户和收购商（农产品加工流通企业、合作社、协会、经纪人、中间商等）之间的渠道关系为实证研究背景。研究以单个农户与特定的收购商之间的购销关系作为分析单元，调查数据将主要采用问卷调查方式收集。

调查问卷遵从了标准的心理学量表开发过程（Churchill，1979；Anderson，1988），具体程序如下：

（1）深度访谈交易双方关键的信息人，访谈的目的是为了更好理解所关注的现象是如何存在于行业中和发展相关的测量题项。由于本研究是从收购商的视角出发，研究首先在宁夏地区深入访谈了参与契约型农业交易关系多年的农产品流通商贸企业的经理，随后在宁夏地区、大连地区与从事订单农业或曾经参与过订单农业的农户、合作社社长进行了深入而广泛的交谈①，这些访谈有助于确定本研究的关键问题和实践价值，而且部分访谈的录音和笔记成为修订量表的主要依据。

（2）在此基础上，作者系统地回顾了渠道治理的相关研究文献，制定初步的测量问卷。在问卷的设计中，与有农村生活经历或多年从事农产品流通研究的学者进行了反复多轮讨论，以确保问卷题项能够反映研究情境的特点并为调查对象所理解。

（3）为了检验问卷题项的相关性和完整性，进行测试。我们组织了 64 名来自 19 个不同省份（辽宁、黑龙江、吉林、内蒙古、山东、河北、河南、山西、陕西、甘肃、青海、新疆、江苏、安徽、湖南、湖北、重庆、云南、贵州）的东北财经大学的本科生和硕士生，以及黑龙江农垦大学的本科生，在 2013 年 1 月 15 日至 2013 年 2 月 25 日寒假期间，利用放假回家的机会在其家乡对参与订单农业的农户进行调查。这次调研共收回有效问卷 102 份，这次测试表明问卷题项能够被调查对象所理解，且具有合理的区分度。在此次预测的基础上，我们进一步地完善了调查问卷，并最终形成了研究所用调查量表。问卷预测提高了问卷设计中题项的内容效度（Cavusgil et al.，2004），而内容效度被认为是最基本、也是最重要的检验理论假设的依据（Hattie，1985；Ferguson et al.，2005）。

二、变量定义与测量

研究的调查问卷有 5 页，大约需要 25 分钟填写完成，其中包括几个李克特五级量表和一组旨在收集分类资料的多项选择题。

契约完备性指在正式契约中，交易双方的角色、义务和预期收益，以及如何处理计划外事件和冲突等被详细规定的程度，原始量表来自 Wuyts 和 Geyskens（2005）。请受访者依据双方签订契约的完备程度打分（1=完全不同意；5=完全同意），具体题项包括：签订的合同明确规定了我们双

---

① 宁夏地区具体访谈了银川市丰登乡的订单农户，固原市头营镇富原肉牛养殖专业合作社社长，大连地区访谈了旅顺和金州地区参与过订单农业的农户，此外为了丰富农业研究的背景知识，还走访了宁夏农垦局、玉泉营农场（葡萄产业）、平吉堡农场（乳业）。

方的任务；签订的合同明确规定了我们双方应承担的责任；签订的合同明确规定了每一方的行为；签订的合同明确规定了如何处理意外发生的事；签订的合同条款很详细；签订的合同尽可能写明了所有可能发生的事情。

结果控制是指收购商对农户（对生产结果进行）监督检查、评估，以及反馈、强化，原始量表来自 Jaworski 等（1993）。请受访者依据收购者对农户生产结果控制水平的同意程度打分（1＝完全不同意；5＝完全同意），具体题项包括：收购者对所有收购的产品有明确的标准；收购者收购时会检查产品是否符合标准；如果产品达不到标准，农户需要向收购商解释原因；收购者会告诉农户的产品是否达到收购标准，如果农户的产品达到甚至超过收购者的收购标准，农户的收入会增加。

过程控制反映了收购商对于农户生产过程建立标准、监督管理，以及对监督的结果进行反馈和强化，以期达到预期目标，强调对过程和实现目标方式的影响，原始量表来自 Jaworski 等（1993）。请受访者依据收购者对农户生产过程控制水平的同意程度打分（1＝完全不同意；5＝完全同意），具体题项包括：收购者会监督农户是否按规定程序进行生产活动；收购者会评估农户的生产过程是否有利于生产符合收购标准的农产品；农户达不到收购者所要求的种植（养殖）标准时，收购者会帮农户改进种植（养殖）过程；收购者会告诉农户对生产过程的检查结果；如果生产活动符合收购者的标准，农户会受到表扬或奖励；如果生产活动不符合收购者的标准，农户会受到警告或处罚。

能力控制是收购商强调发展农户的农业生产技术或能力，具体指对个人农业技能水平设定标准，并进行监督评估，需要提升能力时进行指导，原始量表来自 Challagalla 和 Shervani（1996）。请受访者依据收购者对农户生产能力控制水平的同意程度打分（1＝完全不同意；5＝完全同意），具体题项包括：收购者对农户的种植（养殖）技术有明确的要求；收购者会评估农户的种植（养殖）技术是否有利于生产符合收购标准的农产品；收购者会帮助农户提高相应的种植（养殖）能力；农户的生产技能水平会影响收购者收入水平；农户的生产技能水平越高，收购者订购的产品越多；农户的生产技能的提高会得到收购者的夸奖或奖励。

投机行为是指不充分揭示或者歪曲有关信息以追求私利，特别是那种精心策划的误导、颠倒、歪曲或其他种种混淆视听的行为。本书所使用的农户自测投机行为（Self-Opportunism）的原始量表来自 Ping（1993）。因为回答者报告自己一定程度的自利行为受到社会期望偏见的影响（Jap & Anderson，2003），为了尽可能地获取更多真实的信息，我们依据 John（1984）的建议，特别注意问题的表达不要使用冒犯的语言，避免术语引起道德偏差。具体而言，请受访者依据自己行为对以下说法同意程度打分（1＝完全不同意；5＝完全同意），具体包括：不会主动地向收购者提供很多有关农户生产情况的信息；有些生产活动除非收购商检查和坚持要求，农户才会做（如果不要求，我就不）；有时，为了增加收入，农户会将没有达到收购标准的产品掺杂到合格产品中；为了从收购者那里得到额外的帮助和支持，农户可能会虚报产品的数量或质量；当有市场价高于收购价时，农户偶尔会不按合同规定交货或者违反合同约定把货卖给别人；当收购商无法追究农户的违约行为时，农户可能会隐藏产品数量和质量信息。

渠道绩效是指所有渠道成员的产出以及渠道成员间的满意度水平（韩顺平、徐波，2007）。本书主要选取农户的财务性指标进行感知测量，原始量表来自 Samaha 等（2011）。为了避免年度之间偏差较大，请受访者依据其近3年收入情况对以下说法同意程度打分（1＝完全不同意；5＝完全同意），具体题项包括：近3年，农业毛收入增长非常快；近3年，农户的农业纯收入增长非常快；近3年，农户的整体农业收入水平非常高。

市场不确定性指的是难以预测农产品的需求、价格等方面的变化情况，原始量表来自 Sheng 等（2011）。请受访者依据自己经验对以下说法同意程度打分（1＝完全不同意；5＝完全同意），具体包括：农户所种植（养殖）的农产品的市场需求量变化非常大；农户所种植（养殖）的农产品的品种市场需求经常变化；农户所种植（养殖）的农产品的市场行情变化很快；预测市场行情的变化非常困难。

关系专项资产是指交易方为了提高合作水平和合作收益为交易关系投

入的专门的投入，该资产不能够轻易转移或转移成本极高，原始量表来自
Wang 等（2013）。关系专有投入属于合成量表，在本书的测量中分为农户
专有资产投入和收购商专有资产投入两个量表，请受访者依据农户为了适
应收购者的要求，可能在时间、精力（或）金钱等方面做出了一些专门的
投入程度打分（1 = 很少；5 = 很多），以及收购者对农户生产销售提供的专
门投入的程度打分（1 = 很少；5 = 很多）。其中，农户专有资产投入题项包
括：学习专门的技术；生产用地；固定资产（如圈舍、大棚等）；生产工
具（如农机具）；其他生产资料（如肥料、饲料、种子、苗雏、包装材料
等）。收购商专有资产投入题项包括：提供的周转资金；赊销或垫付的生
产资料（如肥料、饲料、种子、苗雏、包装材料等）；为生产设施（如大
棚、温室、圈舍）垫付资金；为辅助生产工具（如农机或交通工具等）垫
付资金；安排专门的技术人员；其他投入（如专设的收购站及管理人员、
在当地建设了加工厂或批发市场）。

专有资产净投入反映了交易关系依赖的非对称性，也就是渠道关系中
交易双方依赖的比较程度（Lusch & Brown，1996；Antia & Frazier，
2001）。参照类似研究（Gulati & Sytch，2008；Mudambi & Helper，1998）
所采用的处理方式，以依赖非对称性的优势程度主导地位的农户作为研究
的焦点，即农户专有资产与收购商专有资产的差值来衡量农户专有资产净
投入。

此外，控制变量是对因变量产生巨大的影响的其他变量（Brown et al.，
2000）。在契约型农产品营销渠道中，首先，农户年龄（NL）越大，社会
经验丰富、生产技能较之年轻人也更为纯熟，不仅对农业绩效有直接影
响，对自身投机时机把握和处理也会比较有方法。其次，农户学历（XL）
与绩效及其投机行为息息相关，学历高有助于提高农业绩效，而且一定程
度会抑制农户的投机行为，因为通常学历高的人会比较在意自己在他人心
中的形象。在本书中，学历主要分为四类进行测量：1 = 小学及以下，2 =
初中，3 = 高中（中专），4 = 大专及以上。同时，农户的生产规模与家庭农
业劳动力人数（RS）密切相关，而生产规模对交易行为有直接的影响。再

次，不同的生产类型（LX）对农业资源禀赋要求不同，特别是养殖业相对于种植业将投入更多的专有资产，因而会对农业绩效和渠道投机行为有影响，本书中主要划分两类进行测量，0＝种植业，1＝养殖业。最后，关系长度（Relationship Length，RL）是关系紧密程度的重要属性，关系维持的时间越长，关系未来的发展越具潜力，关系稳定性也就越高（刘益等，2009）。本书中，关系长度指农户与收购商交易关系的年限。由此，本研究将农户年龄、学历、家庭农业劳动力人数、生产类型和关系长度作为研究的控制变量。

三、人际关系规范量表的形成

在中国的社会文化中，人际关系规范作为指导人们进行交往和互动的行为规则，具体包括人情法则、面子，以及礼节等（庄贵军，2012b）。此外，注重感情也是商业环境中比较常见的行为准则。本书借鉴 Su 等（2009）开发关系导向量表的流程，在现有研究的基础上修订形成人际关系规范量表。具体形成过程如下：

第一，我们根据前期访谈的录音和笔记，结合农村人际关系的特征，在现有研究的基础上（主要参照 Lee 和 Dawes（2005）的关系量表）形成了包含人情法则和注重感情两个因素的题项库。在原始的英文量表翻译的过程中，我们根据研究的背景对量表的问项做了相应修改和补充，以使之符合中国本土文化情境下的契约型农产品营销渠道关系。

第二，预测。在确定调查问卷设计中，我们与有农村生活经历或多年从事农产品流通研究的学者进行了反复多轮讨论，以确保问卷题项能够反映研究情境的特点并为调查对象所理解。

第三，预调查。如上文所述，这次调查是在 2013 年 1 月 15 日至 2013 年 2 月 25 日寒假期间，我们组织了东北财经大学本科生和硕士生，以及黑龙江农垦大学的本科生，利用放假回家的机会在其家乡对参与订单的农户进行调查。本次预调查在剔除存在数据缺失的问卷后，回收到的有效问卷共 102 份。

　　第四，量表建构效度检验。建构效度是用来评价量表是否能够测量出所要测量的潜变量的指标。在研究中，一般采用探索性因子分析（Exploratory Factor Analysis，EFA）与验证性因子分析（Confirmatory Factor Analysis，CFA）检验。由于使用的是预调查数据，先采用探索性因子分析检验构建效度。探索性因子分析的目的是为了纯化最初的测量，删除低负载和跨因子载荷的问项。在进行探索性因子分析前，需要根据抽样适度测定值（KMO）和 Bartlett's 球度检验来检查数据是否具有探索性因子分析的条件。一般认为数据进行探索性因子分析的条件是 KMO 值大于 0.6 且通过 Bartlett 球度检验（Nunally & Bemstein，1978）。

　　在关系量表的预调查样本中，KMO 值为 0.741，Bartlett's 球形检验的卡方值（384.975）在 $p < 0.001$ 水平上显著，表明数据适合于做探索性因子分析。本研究采用方差最大化正交旋转的主成分分析法，经过方差最大化旋转后得到一个单一因子。本书将这个包含人情法则和注重感情的因子命名为人际关系规范（GN），如表 5-1 所示。与此同时，由于在现实生活中，人际关系规范的各构成因素通常以共同或交互的方式对个体行为产生影响。因此，本研究将这个包含人情法则、注重感情的量表作为一个整体测量人际关系规范。

表 5-1　人际关系规范量表探索性因子分析结果

问项	因子载荷	题项内容
GN1	0.825	当他遇到困难时，我会表示关心和支持
GN2	0.736	我们都不会轻易做伤害感情的事
GN3	0.540	交往中我们都遵循有来有往的原则
GN4	0.526	需要时，我们会相互帮忙
GN5	0.711	当他在买卖中出错时，我会体谅
GN6	0.605	当我们买卖出问题时（如他没有及时付款或我们没有按时交货），我们都能相互理解

四、样本与数据收集

在农产品营销渠道中，相对于传统的市场型交易方式，契约型渠道关系并不普遍，出于数据可获性和调查成本等方面的考虑，我们主要从参与契约型渠道关系的农户方面搜集数据。调查数据将主要采用问卷调查方式收集，通过调查员面对面访谈的方式获取研究的关键信息，这种方式被认为是在新兴市场（例如中国），最可靠的数据收集方式（Zhou et al., 2008; Li et al., 2008; Dong et al., 2010）。研究采用关键信息人（Key Informant）方法，请参与契约型渠道关系农户的户主或了解家庭生产详细信息的人填写问卷。

为了保证问卷回收率和问卷填写的质量，我们制定了一套针对调查员的筛选、培训和激励制度。

第一，出于调查便利性考虑，主要选择那些来自农村的学生实施调查，农村的学生熟悉农村社会的情况，可以利用其家人在当地农村社会的资源和人际关系网络有效开展调查。同时，要求所有参加调研的同学，需要先和家长确认家乡的确存在契约型的农产品交易方式，才可参与我们的调查。

第二，对参与调研的同学进行了深入、细致的培训和全程的跟踪。为了避免大规模培训中调查员接收效果不佳，本次调研培训以小组形式为主（2~3 人），而且每次培训时间达 1 个小时之久，目的是为了与参加调研的同学进行深入沟通和互动，确保他们对调研目的和流程全面地熟悉和掌握。同时，在假期调研过程中，我们与调查员保持了密切沟通和交流，帮助他们及时解决调研中出现的问题。

第三，为了激励学生调研的积极性，我们根据回收有效问卷的数量，向他们支付一定的劳务报酬。

第四，在问卷回收环节，为了保证真实可靠性，我们对每个同学开学后上交的问卷进行随机电话回访（问卷要求填写受访农户的地址和联系电话），发现有极个别同学部分问卷出现作弊问题，取消使用该部分问卷及其相应的报酬支付，对于严重作弊的同学，取消使用其全部问卷及全部劳务报酬。

与此同时，我们参照 Campbell（1955）对调查者选择的标准筛选关键信息人，即要求信息人对调查现象熟悉，有能力并且愿意参与到调查研究中。

首先，要求填写问卷的农户是参与契约型渠道关系农户的户主或了解家庭生产详细信息的人，以保证信息的准确性。同时，为了减少农户回顾过程中出现的潜在偏差，要求其确认上年还参与契约型交易关系（Stump & Heide，1996）。

其次，我们要求农户以最重要的收购商作为参照对象，根据之前的预测和先前的经验表明，对最重要的收购商的回忆应该是最准确的（Lusch & Brown，1996；Homburg et al.，2009），因为只有当购买商占农户大量的收入份额时，才可能影响农户的主要决策（Heide，2003；Zhou & Xu，2012）。

再次，为了降低农户理解上的偏差而对数据产生影响，要求调查员在调查过程中对于那些独立填写问卷有困难的受调查者负责向受访者解释每一个问项，并根据受访者的意见代为填写问卷。

最后，为了争取参与契约型交易关系农户的配合，我们事先为调查员准备了小礼物，在问卷填写过程中分发给农户，作为合作的感谢。

本研究的正式调查是在 2014 年 1 月 11 日至 2014 年 2 月 23 日寒假期间。该次调查组织了 43 名来自 16 个不同省份（辽宁、黑龙江、吉林、内蒙古、山东、河北、河南、山西、陕西、甘肃、青海、宁夏、江苏、安徽、湖南、云南）的东北财经大学的本科生和硕士生，利用放假回家的机会在其家乡发放问卷进行调查。

该次调研共发放问卷 735 份，剔除存在数据缺失的问卷后，共收到有效问卷 217 份，有效问卷回收率为 29.5%。针对正式调查数据回收率较低的问题，本研究根据 Grewal 等（2001）的做法，检验非响应误差（Non-response Bias）。具体做法如下：将本次调研的样本与前期预调研的样本在受访者年龄、学历、身份等人口统计特征以及与收购商交易的关系长度进行对比。如表 5-2 所示，双样本 t 检验结果表明，二者并无显著差异（p＞0.1），因此无须担心非响应误差问题。

表 5-2　非响应误差检验结果

变量	方差方程的 Levene 检验		均值方程的 t 检验	
	F	Sig.	t	Sig.（双侧）
年龄	1.576	0.210	−1.231	0.219
学历	0.000	0.984	0.069	0.945
身份	1.642	0.201	0.625	0.532
生产类型	2.342	0.127	1.313	0.107
关系长度	2.675	0.103	1.327	0.102

正式调查的样本描述性统计特性如表 5-3 所示。

表 5-3　样本特征情况

基本特征变量		频数	百分比（%）	基本特征变量		频数	百分比（%）
农户年龄	<30 岁	12	5.53	购销关系长度	1 年	22	10.14
	30~39 岁	42	19.35		2~3 年	45	20.74
	40~49 岁	101	46.54		4~5 年	69	31.80
	50~59 岁	47	21.66		5~9 年	53	24.42
	≥60 岁	15	6.92		≥10 年	28	12.90
农户文化程度	小学及以下	50	23.04	生产类型	种植业	131	60.37
	初中	107	49.31		养殖业	86	39.63
	高中（中专）	49	22.58				
	大专及以上	11	5.07				

五、数据分析

（一）量表的信度和效度

信度方面，除农户专有资产净投入外[①]，其他结构变量的 Cronbach's

[①] 专有资产量表为合成性量表，根据庄贵军等（2008）的观点，合成性量表不同于经常使用的反应性量表，量表中一个题项的得分的提高或降低，不一定伴随着另一个题项得分的提高或降低，因此，农户专有资产投入和收购商专有资产投入不适合于也不必要用 Cronbach's Alpha 系数做内部一致性的信度检验。

Alpha 值都高于 0.6 这一可接受水平，如表 5-4 所示。

表 5-4 测量题项及信度、效度检验结果

变量	问项	因子载荷	Alpha 值
契约完备性（CS） CR=0.917 AVE=0.651	我们签订的合同明确规定了我们双方的任务	0.824	
	我们签订的合同明确规定了我们双方应承担的责任	0.813	
	我们签订的合同明确规定了每一方的行为	0.762	0.868
	我们签订的合同明确规定了该如何处理意外发生的事	0.840	
	我们签订的合同条款很详细	0.721	
	我们签订的合同条款尽可能写明了所有可能发生的情况	0.872	
人际关系规范（GN） CR=0.806 AVE=0.515	当他遇到困难时，我会表示关心和支持	0.815	
	我们都不会轻易做伤害感情的事	0.786	0.802
	需要时，我们会相互帮忙	0.683	
	交往中我们都遵循有来有往的原则	0.558	
结果控制（OC） CR=0.809 AVE=0.590	收购者对所收购的产品有明确的标准	0.824	
	收购者收购时会检查产品是否符合标准	0.854	0.783
	收购者会告诉我产品是否达到收购标准	0.601	
过程控制（PC） CR=0.844 AVE=0.577	收购者会监督我是否按规定程序进行生产活动	0.787	
	收购者会评估我的生产过程是否有利于生产符合收购标准的农产品	0.834	
	我达不到收购者所要求的种植（养殖）标准时，收购者会帮我改进种植（养殖）过程	0.738	0.831
	收购者会告诉我对生产过程的检查结果	0.669	
能力控制（CC） CR=0.743 AVE=0.500	收购者对我的种植（养殖）技术有明确的要求	0.674	
	收购者会评估我的种植（养殖）技术是否有利于生产符合收购标准的农产品	0.785	0.724
	收购者会帮助我提高相应的种植（养殖）能力	0.638	
农户投机行为（SP） CR=0.832 AVE=0.562	有时，为了增加收入，我将没有达到收购标准的产品掺杂到合格产品中	0.639	
	为了从收购者那里得到额外的帮助和支持，我可能会虚报产品的数量或质量	0.568	
	当有市场价高于收购价时，我偶尔会不按合同规定交货或者违反合同约定把货卖给别人	0.837	0.848
	当收购者无法追究我的违约行为时，我可能会隐瞒产品数量和质量信息	0.904	
农户绩效（PR） CR=0.916 AVE=0.786	近 3 年，我的农业毛收入增长非常快	0.895	
	近 3 年，我的农业纯收入增长非常快	0.945	0.914
	近 3 年，我的整体农业收入水平非常高	0.814	

变量	问项	因子载荷	Alpha值
市场不确定性（MU） CR=0.815 AVE=0.600	我所种植（养殖）的农产品的市场需求量变化非常大	0.805	0.807
	我所种植（养殖）的农产品的品种市场需求经常变化	0.878	
	我所种植（养殖）的农产品的市场行情变化很快	0.618	
农户专有资产投入（FRI）	学习专门的技术	n.a	n.a
	生产用地		
	固定资产（如圈舍、大棚等）		
	生产工具（如农机具等）		
	其他生产资料（如肥料、饲料、种子、苗雏、包装材料等）		
收购商专有资产投入（BRI）	提供周转资金	n.a	n.a
	赊销或垫付的生产资料（如肥料、饲料、种子、苗雏、包装材料等）		
	为生产设施（如大棚、温室、圈舍）垫付资金		
	为辅助生产工具（如农机或交通工具等）垫付资金		
	安排专门的技术人员		
	其他投入（如专设的收购站及管理人员、在当地建设了加工厂或批发市场）		
模型拟合度	CMIN/DF=1.782，RMR=0.045，RMSEA=0.060，TLI=0.907，CFI=0.923，IFI=0.924，NFI=0.842，GFI=0.841		

注："n.a"表示不适用。

我们采用 AMOS17.0 对测量变量进行验证性因子分析（CFA）[1]，以检验研究数据的信度和效度。

首先，我们对相应潜变量上的标准化载荷系数小于 0.5 的门槛值的观测变量予以删除（Hair et al., 1998），利用剩余的观测变量重新构建了测量模型并再次进行验证性因子分析。从表 5-4 可以看出，剩余观测变量在相应潜变量上的标准化载荷系数大部分超过了 0.7，即使是载荷系数最低的也超过了 0.5 的门槛值，且全部通过了 t 值检验，在 $p < 0.001$ 的水平上显著。同时，所有变量的平均抽取方差（AVE）大于 0.5，这说明本研究的各变量具有充分的收敛效度。

其次，为了测量问卷的信度，我们利用 Fornell 和 Larcker（1981）的计

———————

[1] 因专有资产投入是合成性量表，因此做 CFA 时未考虑该变量。

算公式计算了量表的组合信度（Composite Reliability）（见表 5-4）。所有变量的组合信度均大于 0.6 的门槛值（Bagozzi & Yi，1988），所以本研究的量表信度良好。此外，根据表 5-4 中测量模型与数据的拟合度指标，表明测量模型和数据具有较好的拟合度。

最后，据 Fornell 和 Larcker（1981）的研究结论，为了确保各个潜变量（CS、GN、OC、PC、CC、SP、PR、MU、FRI、BRI）之间存在着内涵和实证方面的差异，模型中每个潜变量的 AVE 的平方根应该大于该潜变量与其他潜变量的相关系数。从表 5-6 可以看出，该条件得到了满足，这表明本研究使用的量表具有很好的判别效度。

（二）同源偏差检验

本研究自变量和因变量均从农户一方获得信息，容易导致同源偏差（Common Method Biases）问题。为了判定同源偏差性的存在，研究采用两种方法检验：

首先，采用常规的 Harman 的单一因子方法（Podsakoff et al.，2003），将本研究所使用的反映性量表的测量题项放在一起进行探索性因子分析。结果显示，解释变量变异所必需的最少因子数为八个，并未析出一个单一因子。同时，析出的八个因子，解释了总变异量的 69.072%，其中第一主成分解释了 28.971% 的变异量，说明数据中并不存在能够解释绝大部分变异量的单一因子。因此，测量中不存在严重的同偏差问题。

其次，本研究运用标记变量（Marked Variable）的方法（Lindell & Whitney，2001）进一步检验同源偏差问题。我们选择一个与现有分析中至少一个变量在理论上不相关的标记变量，放入模型中与现有研究中主要变量做偏相关分析。在本研究中，我们选择受访者的年龄（NL）作为标记变量。如表 5-5 所示，在控制标记变量之后，本研究重要变量的相关性并没有发生显著变化。在全部 46 个显著的相关系数中，仅有 1 个相关系数（LX 与 PR）由显著变为不显著。这说明，本研究中的同源偏差问题并不严重（Zhou et al.，2014）。

（三）控制变量和量表的均值、标准差及相关系数

本研究中各个变量的均值、标准差和相关系数如表 5-6 所示。

表 5-5　偏相关分析结果

模型	CS	GN	OC	PC	CC	SP	PR	MU	FRI	BRI	XL	RS	LX	RL
CS		0.339**	0.402**	0.387**	0.467**	-0.409**	0.329**	-0.167*	0.148*	0.150*	-0.034	-0.040	-0.069	0.269**
GN	0.340**		0.296**	0.289**	0.311**	-0.269**	0.293**	0.202**	0.169*	0.298**	0.109	0.021	0.339**	-0.079
OC	0.402**	0.295**		0.602**	0.543**	-0.358**	0.393**	0.183*	0.122	0.053	-0.058	-0.038	-0.014	0.166*
PC	0.389**	0.290**	0.600**		0.693**	-0.448**	0.462**	0.082	0.184**	0.223**	0.029	-0.065	-0.021	0.110
CC	0.467**	0.311**	0.543**	0.693**		-0.425**	0.437**	-0.013	0.202**	0.186**	-0.011	0.014	0.036	0.223**
SP	-0.409**	-0.270**	-0.358**	-0.448**	-0.426**		-0.234**	0.141*	-0.060	-0.147*	-0.022	0.153*	-0.052	-0.019
PR	0.327**	0.292**	0.393**	0.459**	0.436**	-0.233**		-0.017	0.167*	0.235**	0.138*	-0.056	-0.179**	-0.007
MU	-0.164**	0.203**	0.182**	0.086	-0.011	0.139*	-0.019		0.056	0.039	0.053	0.071	0.270**	0.028
FRI	0.150*	0.170*	0.122	0.188*	0.203**	-0.060	0.164*	0.060		0.297**	-0.022	0.074	0.084	0.060
BRI	0.150*	0.298**	0.053	0.222**	0.186**	-0.147*	0.235**	0.039	0.296**		0.108	0.043	0.023	-0.041
XL	-0.019	0.111	-0.055	0.050	-0.001	-0.022	0.120	0.069	0.001	0.100		0.051	0.088	-0.233**
RS	-0.035	0.024	-0.037	-0.056	0.017	0.149*	-0.060	0.077	0.081	0.042	0.086		0.152*	0.106
LX	-0.058	0.335**	-0.014	-0.004	0.041	-0.052	-0.182**	0.276**	0.097	0.021	0.157	0.174*		-0.101
RL	0.265**	-0.081	0.165**	0.105	0.221**	-0.019	-0.005	0.024	0.056	-0.041	-0.240**	0.098	-0.101	
NL	-0.041	-0.026	0.001	-0.070	-0.028	0.024	0.032	-0.058	-0.066	0.005	-0.327**	-0.117	-0.233**	0.062

注：** 表示 $p < 0.01$（双层检验），* 表示 $p < 0.05$（双尾检验）。

表 5-6　变量的均值、标准差和相关系数表

模型	均值	标准差	CS	GN	OC	PC	CC	SP	PR	MU	FRI	BRI	NL	XL	RS	LX	RL
CS	3.560	0.648	**0.807**														
GN	3.509	0.626	0.339**	**0.718**													
OC	3.845	0.659	0.419**	0.289**	**0.768**												
PC	3.362	0.724	0.402**	0.288**	0.611**	**0.760**											
CC	3.500	0.654	0.479**	0.309**	0.556**	0.701**	**0.707**										
SP	2.164	0.679	-0.369**	-0.252**	-0.323**	-0.419**	-0.396**	**0.749**									
PR	2.950	0.865	0.324**	0.300**	0.376**	0.445**	0.422**	-0.186**	**0.887**								
MU	3.300	0.797	-0.143*	0.203**	0.181**	0.084	-0.010	0.160*	-0.006	**0.775**							
FRI	3.181	0.715	0.143*	0.172*	0.104	0.171**	0.184**	-0.031	0.179**	0.083	**n.a**						
BRI	2.374	0.732	0.163*	0.297**	0.064	0.223**	0.188**	-0.108	0.244**	0.065	0.309**	**n.a**					
NL	45.170	9.518	-0.016	-0.020	0.021	-0.053	-0.011	0.029	0.023	-0.039	-0.067	0.015	**n.a**				
XL	2.100	0.812	-0.046	0.097	-0.078	0.028	-0.023	-0.043	0.095	0.056	0.004	0.084	-0.340**	**n.a**			
RS	2.130	0.761	-0.049	0.027	-0.060	-0.071	-0.001	0.129	-0.058	0.077	0.087	0.033	-0.112	0.091	**n.a**		
LX	0.390	0.490	-0.071	0.336**	-0.031	-0.014	0.030	-0.060	-0.165*	0.257**	0.094	0.009	-0.243**	0.160*	0.182**	**n.a**	
RL	5.130	5.077	0.270**	-0.080	0.173*	0.112	0.227**	-0.020	-0.011	0.022	0.046	-0.042	0.071	-0.243**	0.093	-0.105	**n.a**

注：①** 表示 p < 0.01（双尾检验），* 表示 p < 0.05（双尾检验）；

②对角线数字为相应变量的 AVE 平方根，对角线下方数字为相应变量间的相关系数；"n.a"表示不适用。

第二节　假设检验

本书主要采用多元层次回归（Hierarchical Regression Modeling）的方法验证研究假设。多元层次回归是一种广泛应用于经济管理研究的分析方法，与标准的多元回归分析中所有解释变量同时进入模型不同，层次回归分析使研究者可以决定解释变量或变量集进入回归分析模型的顺序，进而可以在控制了其他变量的情况下更准确地估计解释变量或变量集对被解释变量的独立影响；同时层次回归分析方法还可以检验新引入的变量或变量集是否能够显著地提高模型的解释力（R²），进而判断新引入的变量是否对模型具有重要意义（张闯、田敏和关宇虹，2012）。

一、主效应假设检验

根据 Cohen 等（2003）的多元层次回归步骤的建议，第一，为了检验契约完备性和人际关系规范对农户生产结果控制（OC）、生产过程控制（PC）和生产能力控制（CC）的影响，研究先将控制变量，农户年龄、农户学历、家庭农业劳动力人数、生产类型和关系长度加入回归方程，再将自变量——契约完备性和人际关系规范加入回归方程，对数据做回归分析。

从表 5-7 中可以看出，OC 模型(Ⅰ)、PC 模型（Ⅰ）和 CC 模型（Ⅰ）是基准模型，包括全部控制变量分别对生产结果控制、生产过程控制和生产能力控制的影响，可以看出关系长度的系数全部正向显著（$b = 0.169$，$p < 0.05$；$b = 0.133$，$p < 0.1$；$b = 0.240$，$p < 0.01$），说明收购商与农户关系长度越长，对农户的生产结果控制水平、生产过程控制水平和生产能力控制水平越高。

在 OC 模型（Ⅱ）中，契约完备性的系数（$b = 0.294$，$p < 0.001$）和人

际关系规范的系数（b = 0.227，p < 0.01）都显著为正，且方程加入自变量后的拟合优度 ΔR^2 和 F 值都显著提高，说明契约完备性和人际关系规范对农户生产结果控制正向影响显著，假设 H1a 和 H2a 得到支持；在 PC 模型（Ⅱ）中，契约完备性的系数（b = 0.294，p < 0.001）和人际关系规范的系数（b = 0.211，p < 0.01）都显著为正，且方程加入自变量后的拟合优度 ΔR^2 和 F 值都显著提高，说明契约完备性和人际关系规范对农户生产过程控制正向影响显著，假设 H1b 和 H2b 得到支持；在 CC 模型（Ⅱ）中，契约完备性的系数（b = 0.363，p < 0.001）和人际关系规范的系数（b = 0.196，p < 0.01）都显著为正，且方程加入自变量后的拟合优度 ΔR^2 和 F 值都显著提高，说明契约完备性和人际关系规范对农户生产能力控制正向影响显著，假设 H1c 和 H2c 得到支持。

表 5-7　回归分析结果：标准化系数（1）

变量	OC 模型		PC 模型		CC 模型	
	（Ⅰ）	（Ⅱ）	（Ⅰ）	（Ⅱ）	（Ⅰ）	（Ⅱ）
农户年龄	−0.019	−0.019	−0.066	−0.065	−0.018	−0.011
农户学历	−0.017	−0.047	0.068	0.039	0.043	0.013
劳动力人数	−0.057	−0.030	−0.082	−0.056	−0.022	0.008
生产类型	0.011	−0.055	−0.003	−0.064	0.059	0.005
关系长度	0.169*	0.093	0.133†	0.056	0.240**	0.144*
契约完备性		0.294***		0.294***		0.363***
人际关系规范		0.227**		0.211**		0.196**
F 值	1.311	7.517***	1.125	6.899***	2.423*	10.393***
R^2	0.031	0.205	0.027	0.191	0.056	0.263
ΔR^2		0.174***		0.164***		0.207***

注：*** 表示 p < 0.001（双尾检验），** 表示 p < 0.01（双尾检验），* 表示 p < 0.05（双尾检验），† 表示 p < 0.1（双尾检验）。

第二，为了检验收购商对农户管理控制对农户投机行为（SP）、农户绩效（PR）的影响，研究以生产结果控制、生产过程控制和生产能力控制为自变量，分别以农户投机行为和农户绩效为因变量，农户年龄、农户学历、家庭农业劳动力人数、生产类型和关系长度为控制变量，对数据做回归分析。

从表 5-8 中可以看出，SP 模型（Ⅰ）和 PR 模型（Ⅰ）是基准模型，分别检验全部控制变量对农户投机行为和农户绩效的影响。在 SP 模型（Ⅰ）中，劳动力人数的系数正向显著（b = 0.172，$p < 0.05$），说明农户家庭农业劳动力人数越多，农户投机行为越高；在 PR 模型（Ⅰ）中，农户学历的系数显著为正（b = 0.170，$p < 0.05$），说明农户的学历越高，农户绩效越高。

在 SP 模型（Ⅱ）中，生产过程控制的系数（b = -0.230，$p < 0.05$）和生产能力控制的系数（b = -0.220，$p < 0.05$）都负向显著，但生产结果控制的系数负向不显著（b = -0.104，$p > 0.1$），且方程加入自变量后的拟合优度 ΔR^2 和 F 值都显著提高，说明生产过程控制和生产能力控制对农户投机行为抑制显著，但生产结果控制对农户投机行为没有影响，假设 H3b 和 H3c 得到支持，假设 H3a 不成立；在 PR 模型（Ⅱ）中，结果控制的系数（b = 0.164，$p < 0.05$），过程控制的系数（b = 0.199，$p < 0.05$）和能力控制的系数（b = 0.240，$p < 0.01$）都显著为正，且方程加入自变量后的拟合优度 ΔR^2 和 F 值都显著提高，说明生产结果控制、生产过程控制和生产能力控制对农户绩效的正向影响显著，假设 H4a、H4b 和 H4c 都得到支持。

二、收购商对农户管理控制的中介作用检验

为了检验契约完备性、人际关系规范是否通过收购商对农户的管理控制过程进而影响农户投机行为和农户绩效，本书根据温忠麟等（2004）的做法检验管理控制的中介作用，步骤如下：

（1）检验自变量对因变量的标准化回归系数 c。若显著，则继续下面的检验，否则停止中介作用分析。

（2）依次检验自变量对中介变量的标准化回归系数 a 和中介变量对因变量的标准化回归系数 b。若 a 和 b 都显著，则检验包含自变量和中介变量的模型中，自变量对因变量的标准回归系数 c′，若 c′ 不显著，则说明是完全中介作用；若 c′ 显著，则说明是部分中介作用。若 a 和 b 至少一个显著，则需要进行 Sobel 检验，检验统计量为 $z = \hat{a}\hat{b}/S_{ab}$，若 z 显著则说明中介

作用显著，否则中介作用不显著。为了方便检验本研究的中介效应，根据研究内容构建了"CS→OC→SP"、"CS→PC→SP"、"CS→CC→SP"、"CS→OC→PR"、"CS→PC→PR"、"CS→CC→PR"、"GN→OC→SP"、"GN→PC→SP"、"GN→CC→SP"、"GN→OC→PR"、"GN→PC→PR"和"GN→CC→PR"12 个模型。

首先，为了检验收购商对农户的管理控制在契约完备性对农户投机行为影响过程中的中介作用。根据步骤 1，检验契约完整性对农户投机行为直接影响。对数据做回归分析，如表 5-8 所示，在 SP 模型（Ⅲ）中，契约完备性的系数显著为负（b = -0.379，p < 0.001），即契约完备性对农户投机行为有显著负向影响。由此，自变量对因变量的标准化回归系数 c 显著，满足条件（1）。根据步骤 2，依次检验契约完备性对管理控制的标准化回归系数 a 和管理控制对农户投机行为的标准化回归系数 b。从表 5-9 可以看出，契约完备性对三种管理控制方式正向影响显著，过程控制和能力控制对农户投机行为的负向影响也显著，由此，模型"CS→PC→SP"、

表 5-8 回归分析结果：标准系数（2）

变量	SP 模型			PR 模型		
	（Ⅰ）	（Ⅱ）	（Ⅲ）	（Ⅰ）	（Ⅱ）	（Ⅲ）
农户年龄	0.019	-0.002	0.006	0.038	0.059	0.029
农户学历	-0.031	-0.007	-0.006	0.170*	0.149*	0.138*
劳动力人数	0.172*	0.143*	0.144*	-0.038	-0.007	-0.015
生产类型	-0.078	-0.064	-0.050	-0.191	-0.206*	-0.284***
关系长度	-0.052	0.049	0.051	0.018	-0.094	-0.037
结果控制		-0.104			0.164*	
过程控制		-0.230*			0.199*	
能力控制		-0.220*			0.240**	
契约完备性			-0.379***			0.224**
人际关系规范			-0.123†			0.294***
F 值	1.353	8.822***	7.813***	2.558*	11.854***	8.671***
R^2	0.032	0.258	0.211	0.058	0.318	0.229
ΔR^2		0.226***	0.179***		0.260***	0.171***

注：*** 表示 p < 0.001（双尾检验），** 表示 p < 0.01（双尾检验），* 表示 p < 0.05（双尾检验），† 表示 p < 0.1（双尾检验）。

"CS→CC→SP"满足条件（2），可进行下面的检验。但是，结果控制对农户投机行为的直接影响（OC→SP）不显著（b = -0.104，p > 0.1），因此暂停检验模型"CS→OC→SP"的中介检验，稍后需要进行 Sobel 检验，以确认生产结果控制是否在契约完备性与农户投机行为之间存在中介作用。根据步骤 3，在包含自变量和中介变量的模型中，检验自变量对因变量的标准回归系数 c'。如表 5-9 所示，在模型"CS→PC →SP"中，c' = -0.283（p < 0.001）；在模型"CS→CC→SP"中，c' = -0.270（p < 0.001），说明收购商对农户生产过程控制、生产能力控制在契约完备性与农户投机行为之间起到部分中介作用，假设 H5b 和 H5c 成立。

其次，为了检验收购商对农户生产管理控制在契约完备性对农户绩效影响过程中的中介作用。根据步骤 1，如表 5-8 所示，PR 模型（Ⅲ）中，契约完备性的系数显著为正（b = 0.224，p < 0.01），说明契约完备性对农户绩效有显著正向影响，满足条件（1）。根据步骤 2，从表 5-9 可以看出，契约完备性对三种管理控制方式正向影响显著，三种管理控制方式对农户绩效的正影响也显著，由此，模型"CS→OC→PR"、"CS→PC→PR"、"CS→CC→PR"满足条件（2），可进行下面的检验。根据步骤 3，如表 5-9 所示，在模型"CS→OC→PR"中，c' = 0.141（p < 0.05）；在模型"CS→PC→PR"中，c' = 0.121（p < 0.1），说明收购商对农户生产结果控制、生产过程控制在契约完备性与农户绩效之间起到部分中介作用，假设 H6a 和 H6b 成立。在模型"CS→CC→PR"中，c' = 0.096（p > 0.1），说明收购商对农户生产能力控制在契约完备性与农户绩效之间起到完全中介作用，假设 H6c 成立。

再次，为了检验收购商对农户的管理控制在人际关系规范对农户投机行为影响过程中的中介作用。根据步骤 1，如表 5-8 所示，在 SP 模型（Ⅲ）中，人际关系规范的系数负向显著（b = -0.123，p < 0.1），说明人际关系规范对农户投机行为有显著负向影响，满足条件（1）。根据步骤 2，从表 5-9 可以看出，人际关系规范对三种管理控制方式的正向影响都显著，生产过程控制和生产能力控制对农户投机行为的负向影响也显著，由此，模型"GN→PC→SP"、"GN→CC→SP"满足条件（2），可进行下面的检验。

但是，生产结果控制对农户投机行为的直接影响（OC→SP）不显著（b = -0.104，p > 0.1），因此暂停检验模型"GN→OC→SP"的中介检验，稍后需要进行 Sobel 检验，以确认生产结果控制是否在人际关系规范与农户投机行为之间存在中介作用。根据步骤3，如表5-9所示，在模型"GN→PC→SP"中，c' = -0.054（p > 0.1）；在模型"GN→CC→SP"中，c' = -0.064（p > 0.1），说明收购商对农户生产过程控制、生产能力控制在人际关系规范与农户投机行为之间起到完全中介作用，假设 H7b 和 H7c 成立。

最后，为了检验收购商对农户的管理控制在人际关系规范对农户绩效影响过程中的中介作用。根据步骤1，如表5-8所示，PR 模型（Ⅲ）中，人际关系规范的系数显著为正（b = 0.294，p < 0.001），说明人际关系规范对农户绩效正向影响显著，满足条件（1）。根据步骤2，从表5-9可以看出，人际关系规范对三种管理控制方式的正向影响显著，三种管理控制对农户绩效的正向影响也显著，由此，模型"GN→OC→PR"、"GN→PC→PR"、"GN→CC→PR"满足条件（2），可进行下面的检验。根据步骤3，如表5-9所示，在模型"GN→OC→PR"中，c' = 0.230（p < 0.01）；在模型

表 5-9 管理控制的中介作用分析结果

模型	c	a	b	c'	结论
CS→OC→SP	-0.379***	0.294***	-0.104		待定
CS→PC→SP	-0.379***	0.294***	-0.230*	-0.283***	部分中介作用
CS→CC→SP	-0.379***	0.363***	-0.220*	-0.270***	部分中介作用
CS→OC→PR	0.224**	0.294***	0.164*	0.141*	部分中介作用
CS→PC→PR	0.224**	0.294***	0.199*	0.121†	部分中介作用
CS→CC→PR	0.224**	0.363***	0.240*	0.096	完全中介作用
GN→OC→SP	-0.123†	0.227**	-0.104		待定
GN→PC→SP	-0.123†	0.211**	-0.230*	-0.054	完全中介作用
GN→CC→SP	-0.123†	0.196**	-0.220*	-0.064	完全中介作用
GN→OC→PR	0.294***	0.227**	0.164*	0.230**	部分中介作用
GN→PC→PR	0.294***	0.211**	0.199*	0.220**	部分中介作用
GN→CC→PR	0.294***	0.196**	0.240*	0.225**	部分中介作用

注：*** 表示 p < 0.001（双尾检验），** 表示 p < 0.01（双尾检验），* 表示 p < 0.05（双尾检验），† 表示 p < 0.1（双尾检验）。

"GN→PC→PR"中，$c' = 0.220$（$p < 0.01$）；在模型"GN→CC→PR"中，$c' = 0.225$（$p < 0.01$），说明收购商对农户生产结果控制、生产过程控制和生产能力控制在人际关系规范与农户绩效之间起到部分中介作用，假设H8a、H8b和H8c成立。

此外，需要对模型"CS→OC→SP"、"GN→OC→SP"进行Sobel检验，以确认生产结果控制是否在契约完备性与农户投机行为之间，以及人际关系规范与农户投机行为之间存在中介作用。检验的统计量是$z = \hat{a}\hat{b}/S_{ab}$，其中$\hat{a}$，$\hat{b}$是$a$，$b$的估计，$S_{ab} = \sqrt{\hat{a}^2 s_b^2 + \hat{b}^2 s_a^2}$，$S_a$，$S_b$分别是$\hat{a}$，$\hat{b}$的标准误。如表5-10所示，在"CS→OC→SP"模型中，$z = -1.238$（$p > 0.1$），说明收购商对农户生产结果控制在契约完备性与农户投机行为中间不存在中介作用，假设H5a不成立；在"GN→OC→SP"模型中，$z = -1.191$（$p > 0.1$），说明收购商对农户生产结果控制在人际关系规范与农户投机行为中间不存在中介作用，假设H7a不成立。

表5-10 生产结果控制中介效应的Sobel检验

模型	$\hat{\alpha}$	$\hat{b}$	S_a	S_b	Z	P（双尾）	结论
CS→OC→SP	0.294	−0.104	0.072	0.080	−1.238	0.215	中介作用不存在
GN→OC→SP	0.227	−0.104	0.076	0.080	−1.191	0.761	中介作用不存在

三、市场不确定性和农户专有资产净投入的调节效应检验

本书按照Aiken和West（1991）的建议，在检验调节变量——市场不确定性和农户专有资产净投入对自变量（契约完备性、人际关系规范）与因变量（收购商对农户的管理控制）之间关系的调节作用时，为了降低多重共线性的影响，对自变量和调节变量进行了中心化处理，然后用中心化后的自变量和调节变量构建交互项。此外，在回归过程中，所有模型中没有方差膨胀因子（VIF）大于2的变量，远低于临界值10，说明回归模型不存在严重的多重共线性问题（Zhou et al., 2014）。以下依次介绍市场不

确定性和农户专有资产净投入的调节检验过程。

（一）市场不确定性调节作用

为了检验市场不确定性的调节作用，我们依次将控制变量（农户年龄、农户学历、家庭农业劳动力人数、生产类型和关系长度），自变量（契约完备性和人际关系规范），调节变量（市场不确定性）及其交互项（契约完备性×市场不确定性、人际关系规范×市场不确定性）分别放入模型1（见表5-11）、模型2（见表5-12）、模型3（见表5-13）的（Ⅰ）、（Ⅱ）、（Ⅲ）、（Ⅳ）和（Ⅴ）中，分别以生产结果控制（OC）、生产过程控制（PC）和生产能力控制（CC）为因变量，对数据进行回归分析。从表5-11、表5-12、表5-13中可以看出，模型1、模型2、模型3的（Ⅱ）、（Ⅲ）、（Ⅳ）、（Ⅴ）的F值显著不为0，且契约完备性和人际关系规范的系数均显著为正，说明契约完备性和人际关系规范对生产结果控制、生产过程控制和生产能力控制正向影响显著。

如表5-11所示，在模型1（Ⅳ）中，交互项（契约完备性×市场不确定性）的系数（b=-0.032，p＞0.1）不显著，说明市场不确定性对契约完备性与收购商对农户生产结果控制之间的正向相关关系负向调节作用不显著，假设H9a不成立；在模型1（Ⅴ）中，交叉项（人际关系规范×市场不确定性）的系数（b=0.109，p＜0.1）正向显著，说明市场不确定性对人际关系规范与收购商对农户生产结果控制之间的正向相关关系起正向调节作用，假设H10a得到支持。

表5-11　市场不确定性的调节作用结果（1）

变量	模型1（因变量OC）				
	（Ⅰ）	（Ⅱ）	（Ⅲ）	（Ⅳ）	（Ⅴ）
农户年龄	-0.019	-0.019	-0.015	-0.015	-0.011
农户学历	-0.017	-0.047	-0.056	-0.054	-0.045
劳动力人数	-0.057	-0.030	-0.033	-0.031	-0.020
生产类型	0.011	-0.055	0.099	-0.097	-0.113
关系长度	0.169*	0.093	0.059*	0.065	0.046
契约完备性		0.294***	0.359***	0.359***	0.363***

续表

变量	模型 1（因变量 OC）				
	（Ⅰ）	（Ⅱ）	（Ⅲ）	（Ⅳ）	（Ⅴ）
人际关系规范		0.227**	0.169*	0.168*	0.172*
市场不确定性			0.238***	0.241***	0.227**
契约完备性×市场不确定性				−0.032	
人际关系规范×市场不确定性					0.109†
F 值	1.311	7.517***	8.601***	7.647***	8.060***
R²	0.031	0.205	0.253	0.254	0.264
ΔR²		0.174***	0.048***	0.001***	0.011***

注：*** 表示 $p<0.001$（双尾检验），** 表示 $p<0.01$（双尾检验），* 表示 $p<0.05$（双尾检验），† 表示 $p<0.1$（双尾检验）。

如表 5-12 所示，在模型 2（Ⅳ）中，交互项（契约完备性×市场不确定性）的系数（$b=0.118$，$p<0.1$）正向显著，说明市场不确定性对契约完备性与收购商对农户生产过程控制之间的正向相关关系起到正向调节作用，假设 H9b 成立；在模型 2（Ⅴ）中，交互项（人际关系规范×市场不确定性）的系数（$b=0.165$，$p<0.05$）显著为正，说明市场不确定性对人际关系规范与收购商对农户生产过程控制之间的正向相关关系起正向调节作用，假设 H10b 得到支持。

表 5-12 市场不确定性的调节作用结果（2）

变量	模型 2（因变量 PC）				
	（Ⅰ）	（Ⅱ）	（Ⅲ）	（Ⅳ）	（Ⅴ）
农户年龄	−0.066	−0.065	−0.063	−0.064	−0.056
农户学历	0.068	0.039	0.035	0.027	0.051
劳动力人数	−0.082	−0.056	−0.057	−0.063	−0.038
生产类型	−0.003	−0.064	−0.086	−0.093	−0.108
关系长度	0.133†	0.056	0.038	0.016	0.019
契约完备性		0.294***	0.328***	0.331***	0.334***
人际关系规范		0.211**	0.181*	0.187*	0.186*
市场不确定性			0.121†	0.113†	0.107
契约完备性×市场不确定性				0.118†	

续表

变量	模型 2（因变量 PC）				
	（Ⅰ）	（Ⅱ）	（Ⅲ）	（Ⅳ）	（Ⅴ）
人际关系规范 × 市场不确定性					0.165*
F 值	1.125	6.899***	6.525***	6.245***	6.705***
R^2	0.027	0.191	0.205	0.218	0.230
ΔR^2		0.164***	0.014***	0.013***	0.025***

注：*** 表示 $p < 0.001$（双尾检验），** 表示 $p < 0.01$（双尾检验），* 表示 $p < 0.05$（双尾检验），† 表示 $p < 0.1$（双尾检验）。

如表 5-13 所示，在模型 3（Ⅳ）中，交互项（契约完备性 × 市场不确定性）的系数（$b = 0.082$，$p > 0.1$）正向不显著，说明市场不确定性对契约完备性与收购商对农户生产能力控制之间的正向相关关系没有调节作用，假设 H9c 不成立；在模型 3（Ⅴ）中，交互项（人际关系规范 × 市场不确定性）的系数（$b = 0.063$，$p > 0.1$）正向不显著，说明市场不确定性对人际

表 5-13　市场不确定性的调节作用结果（3）

变量	模型 3（因变量 CC）				
	（Ⅰ）	（Ⅱ）	（Ⅲ）	（Ⅳ）	（Ⅴ）
农户年龄	−0.018	−0.011	−0.011	−0.012	−0.008
农户学历	0.043	0.013	0.013	0.008	0.019
劳动力人数	−0.022	0.008	0.008	0.004	0.015
生产类型	0.059	0.005	0.005	0.000	−0.003
关系长度	0.240**	0.144*	0.144*	0.128†	0.136*
契约完备性		0.363***	0.364***	0.365***	0.366***
人际关系规范		0.196**	0.195**	0.199**	0.197**
市场不确定性			0.002	−0.006	−0.005
契约完备性 × 市场不确定性				0.082	
人际关系规范 × 市场不确定性					0.063
F 值	2.423*	10.393***	9.049***	8.272***	8.159***
R^2	0.056	0.263	0.264	0.269	0.267
ΔR^2		0.207***	0.001***	0.005***	0.003***

注：*** 表示 $p < 0.001$（双尾检验），** 表示 $p < 0.01$（双尾检验），* 表示 $p < 0.05$（双尾检验），† 表示 $p < 0.1$（双尾检验）。

关系规范与收购商对农户生产能力控制之间的正向相关关系也没有调节作用，假设 H10c 未得到支持。

为了进一步探索契约完备性、人际关系规范与市场不确定性对管理控制的交互影响，我们利用交互图来做进一步分析。为了直观地展示市场不确定性对契约完备性与生产过程控制之间关系的调节作用，以及市场不确定性对人际关系规范与生产结果控制，人际关系规范与生产过程控制之间关系的调节作用。本书以市场不确定性的均值为基准将样本分为两部分，然后将低于均值减标准差的数据分为一组，高于均值减标准差的数据分为另一组，中间的数据剔除，再分别对两组数据做契约完备性对生产过程控制的回归，以及人际关系规范对生产结果控制、生产过程控制的回归，得到相应的截距和斜率，画出了交互图。

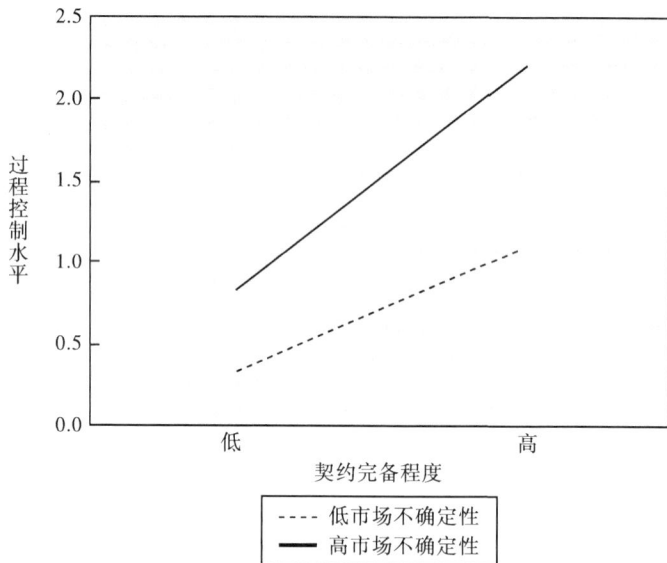

图 5-1　契约完备性和市场不确定性对生产过程控制的交互影响

图 5-1 显示了契约完备性和市场不确定性对生产过程控制的交互影响。从中可以看出，契约完备程度与收购商对农户生产过程控制水平呈正向相关关系，而且，实线（代表高市场不确定性）的斜率大于虚线（代表

低市场不确定性）的斜率，说明高市场不确定性相较于低市场不确定性，明显增强了契约完备性对农户生产过程控制的正向影响。

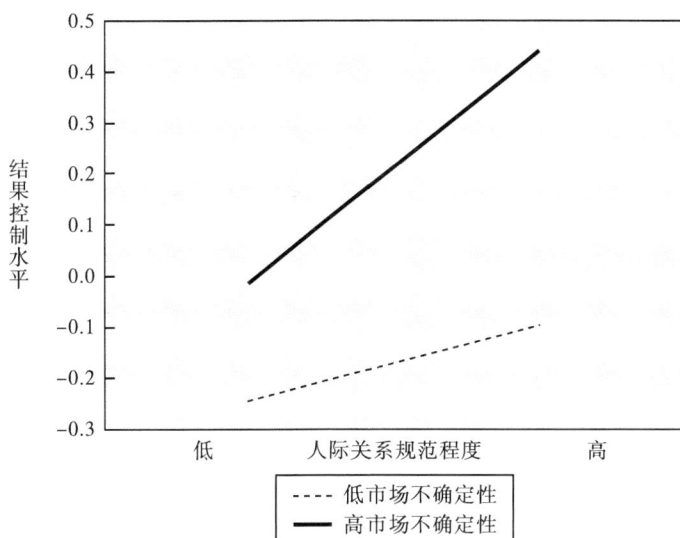

图 5-2 人际关系规范和市场不确定性对生产结果控制的交互影响

图 5-2 显示了人际关系规范和市场不确定性对生产结果控制的交互影响。从中可以看出，人际关系规范与收购商对农户生产结果控制水平呈正向相关关系，而且，实线（代表高市场不确定性）的斜率大于虚线（代表低市场不确定性）的斜率，说明高市场不确定性相较于低市场不确定性，明显增强了人际关系规范对农户生产结果控制的正向影响。

图 5-3 显示了人际关系规范和市场不确定性对生产过程控制的交互影响。从中可以看出，人际关系规范程度与收购商对农户生产过程控制水平呈正向相关关系，而且，实线（代表高市场不确定性）的斜率大于虚线（代表低市场不确定性）的斜率，说明高市场不确定性相较于低市场不确定性，明显增强了人际关系规范对农户生产过程控制的正向影响。

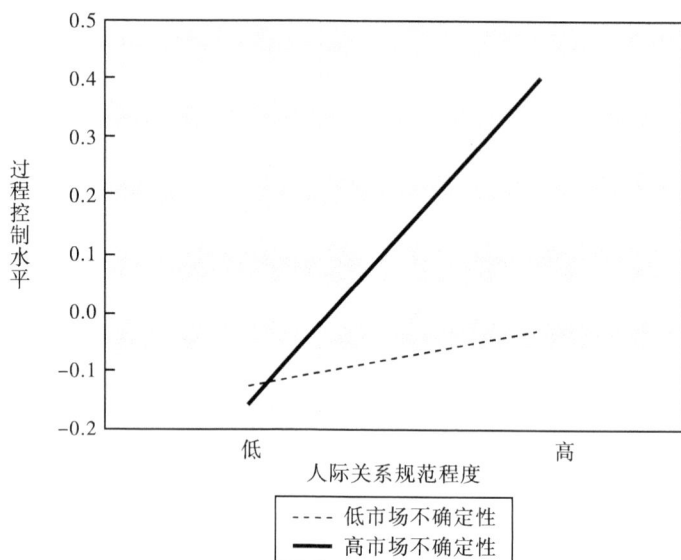

图 5-3 人际关系规范和市场不确定性对生产过程控制的交互影响

（二）农户专有资产净投入的调节作用

为了检验农户专有资产净投入的调节作用，我们依次将控制变量（农户年龄、农户学历、家庭农业劳动力人数、生产类型和关系长度），自变量（契约完备性和人际关系规范），调节变量（农户专有资产净投入）及其交互项（契约完备性×农户专有资产净投入和人际关系规范×农户专有资产净投入）分别放入模型 4（见表 5-14）、模型 5（见表 5-15）、模型 6（见表 5-16）的（Ⅰ）、（Ⅱ）、（Ⅲ）、（Ⅳ）和（Ⅴ）中，分别以生产结果控制（OC）、生产过程控制（PC）和生产能力控制（CC）为因变量，对数据进行回归分析。从表 5-14、表 5-15、表 5-16 中可以看出，模型 1、模型 2、模型 3 的（Ⅱ）、（Ⅲ）、（Ⅳ）、（Ⅴ）的 F 值显著不为 0，且契约完备性和人际关系规范的系数均显著为正，说明契约完备性和人际关系规范对农户生产结果控制、农户生产过程控制和农户生产能力控制正向显著。

如表 5-14 所示，模型 4（Ⅳ）中，交互项（契约完备性×农户专有资产净投入）的系数（$b = -0.137$，$p < 0.05$）显著为负，说明农户专有资产净投入对契约完备性与收购商对农户生产结果控制之间正向相关关系负向调

节作用显著，假设 H11a 得到支持；在模型 4（Ⅴ）中，交互项（人际关系规范×农户专有资产净投入）的系数（b＝0.026，p＞0.1），说明农户专有资产净投入对人际关系规范与收购商对农户生产结果控制之间的正向相关关系调节作用不显著，假设 H12a 不成立。

表 5-14　农户专有资产净投入的调节作用结果（1）

变量	模型 4（因变量 OC）				
	（Ⅰ）	（Ⅱ）	（Ⅲ）	（Ⅳ）	（Ⅴ）
农户年龄	−0.019	−0.019	−0.014	−0.016	−0.016
农户学历	−0.017	−0.047	−0.040	−0.051	−0.039
劳动力人数	−0.057	−0.030	−0.031	−0.037	−0.031
生产类型	0.011	−0.055	−0.064	−0.084	−0.065
关系长度	0.169*	0.093	0.089	0.090	0.092
契约完备性		0.294***	0.291***	0.305***	0.292***
人际关系规范		0.227**	0.239**	0.231**	0.242**
农户专有资产净投入			0.077	0.073	0.078
契约完备性×农户专有资产净投入				−0.137*	
人际关系规范×农户专有资产净投入					0.026
F 值	1.311	7.517***	6.775***	6.644***	6.016***
R²	0.031	0.205	0.211	0.288	0.212
ΔR²		0.174***	0.006***	0.077***	0.001***

注：*** 表示 $p < 0.001$（双尾检验），** 表示 $p < 0.01$（双尾检验），* 表示 $p < 0.05$（双尾检验），† 表示 $p < 0.1$（双尾检验）。

如表 5-15 所示，模型 5（Ⅳ）中，交互项（契约完备性×农户专有资产净投入）的系数（b＝−0.173，p＜0.01）显著为负，说明农户专有资产净投入对契约完备性与收购商对农户生产过程控制之间正向相关关系起到负向调节作用，假设 H11b 得到支持；在模型 5（Ⅴ）中，交互项（人际关系规范×农户专有资产净投入）的系数（b＝−0.085，p＞0.1）不显著，说明农户专有资产净投入对人际关系规范与收购商对农户生产过程控制之间的正向相关关系调节作用不显著，假设 H12b 不成立。

表5-15 农户专有资产净投入的调节作用结果（2）

变量	模型5（因变量PC）				
	（Ⅰ）	（Ⅱ）	（Ⅲ）	（Ⅳ）	（Ⅴ）
农户年龄	−0.066	−0.065	−0.065	−0.068	−0.058
农户学历	0.068	0.039	0.039	0.025	0.035
劳动力人数	−0.082	−0.056	−0.056	−0.063	−0.056
生产类型	−0.003	−0.064	−0.063	−0.088	−0.060
关系长度	0.133†	0.056	0.057	0.058	0.047
契约完备性		0.294***	0.295***	0.311***	0.294***
人际关系规范		0.211**	0.210**	0.200**	0.198**
农户专有资产净投入			−0.008	−0.014	−0.012
契约完备性×农户专有资产净投入				−0.173**	
人际关系规范×农户专有资产净投入					−0.085
F值	1.125	6.899***	3.653***	6.317***	5.555***
R²	0.027	0.191	0.192	0.220	0.198
ΔR²		0.164***	0.001***	0.008***	0.006***

注：*** 表示 $p<0.001$（双尾检验），** 表示 $p<0.01$（双尾检验），* 表示 $p<0.05$（双尾检验），† 表示 $p<0.1$（双尾检验）。

如表5-16所示，在模型6（Ⅳ）中交互项（契约完备性×农户专有资产净投入）的系数（$b=-0.206$，$p<0.01$）显著为负，说明农户专有资产净投入对契约完备性与收购商对农户生产能力控制之间正向相关关系起到负向调节作用，假设H11c得到支持；在模型6（Ⅴ）中，交互项（人际关系规范×农户专有资产净投入）的系数（$b=-0.124$，$p<0.05$）显著为负，说明农户专有资产净投入对关系规范与收购商对农户生产能力控制之间的正向相关关系起到负向调节作用，假设H12c得到支持。

表5-16 农户专有资产净投入的调节作用结果（3）

变量	模型6（因变量CC）				
	（Ⅰ）	（Ⅱ）	（Ⅲ）	（Ⅳ）	（Ⅴ）
农户年龄	−0.018	−0.011	−0.009	−0.012	0.002
农户学历	0.043	0.013	0.015	0.001	0.011
劳动力人数	−0.022	0.008	0.007	0.001	0.007
生产类型	0.059	0.005	0.003	0.027	0.007

续表

变量	模型 6（因变量 CC）				
	（Ⅰ）	（Ⅱ）	（Ⅲ）	（Ⅳ）	（Ⅴ）
关系长度	0.240^{**}	0.144^{*}	0.143^{*}	0.144^{*}	$0.129^{†}$
契约完备性		0.363^{***}	0.362^{***}	0.382^{***}	0.361^{***}
人际关系规范		0.196^{**}	0.199^{**}	0.187^{**}	0.181^{*}
农户专有资产净投入			0.022	0.016	0.017
契约完备性 × 农户专有资产净投入				-0.206^{**}	
人际关系规范 × 农户专有资产净投入					-0.124^{*}
F 值	2.423^{*}	10.393^{***}	9.072^{***}	9.784^{***}	8.644^{***}
R^2	0.056	0.263	0.264	0.304	0.278
ΔR^2		0.207^{***}	0.001^{***}	0.040^{***}	0.014^{***}

注：*** 表示 $p < 0.001$（双尾检验），** 表示 $p < 0.01$（双尾检验），* 表示 $p < 0.05$（双尾检验），† 表示 $p < 0.1$（双尾检验）。

为了进一步探索契约完备性、人际关系规范与农户专有资产净投入对管理控制的交互影响，我们利用交互图来做进一步分析。为了直观地展示农户专有资产净投入对契约完备性与管理控制之间关系的调节作用，以及农户专有资产净投入对人际关系规范与生产能力控制之间关系的调节作用。本书以农户专有资产净投入的均值为基准将样本分为两部分，然后将低于均值减标准差的数据分为一组，高于均值减标准差的数据分为另一组，中间的数据剔除，再分别对两组数据做契约完备性对生产结果控制、生产过程控制和生产能力控制的回归，以及人际关系规范对生产能力控制的回归，得到相应的截距和斜率，画出了交互图，如图 5-4、图 5-5、图 5-6 和图 5-7 所示。

图 5-4 显示了契约完备性和农户专有资产净投入对生产结果控制的交互影响。从中可以看出，契约完备程度与收购商对农户生产结果控制水平呈正向相关关系，而且，实线（代表高农户专有资产净投入）的斜率小于虚线（代表低农户专有资产净投入）的斜率，说明高农户专有资产净投入相较于低农户专有资产净投入，明显削弱了契约完备性对农户生产结果控制的正向影响。

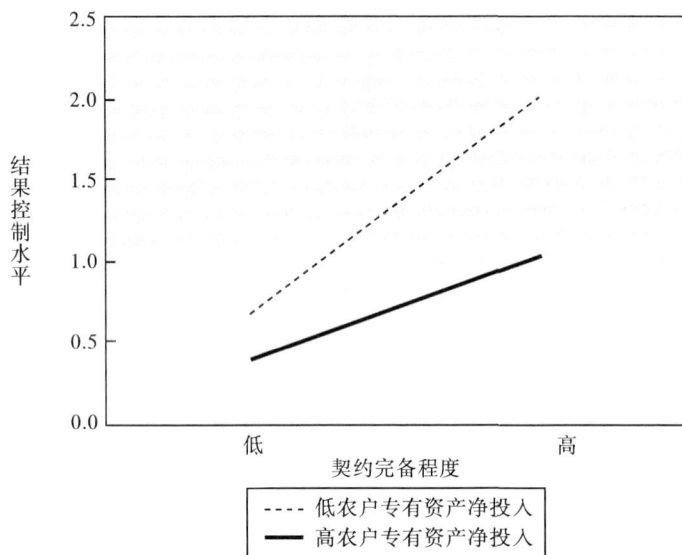

图 5-4 契约完备性和农户专有资产净投入对生产结果控制的交互影响

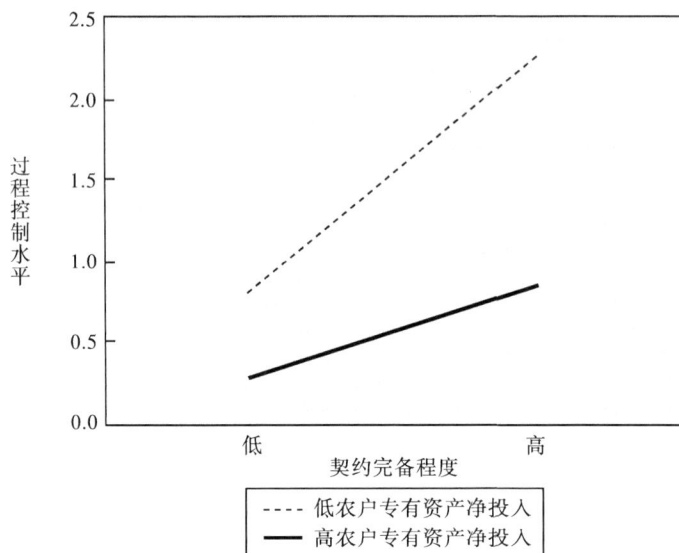

图 5-5 契约完备性和农户专有资产净投入对生产过程控制的交互影响

图 5-5 显示了契约完备性和农户专有资产净投入对生产过程控制的交互影响。从中可以看出，契约完备程度与收购商对农户生产过程控制水平呈正向相关关系，而且，实线（代表高农户专有资产净投入）的斜率小于虚线（代表低农户专有资产净投入）的斜率，说明高农户专有资产净投入相较于低农户专有资产净投入，明显削弱了契约完备性对农户生产过程控制的正向影响。

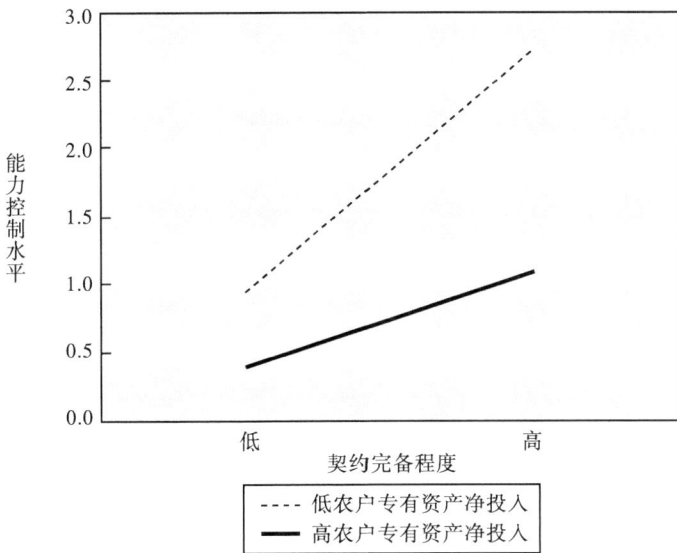

图 5-6 契约完备性和农户专有资产净投入对生产能力控制的交互影响

图 5-6 显示了契约完备性和农户专有资产净投入对生产能力控制的交互影响。从中可以看出，契约完备程度与收购商对农户生产能力控制水平呈正向相关关系，而且，实线（代表高农户专有资产净投入）的斜率小于虚线（代表低农户专有资产净投入）的斜率，说明高农户专有资产净投入相较于低农户专有资产净投入，明显削弱了契约完备性对农户生产能力控制水平的正向影响。

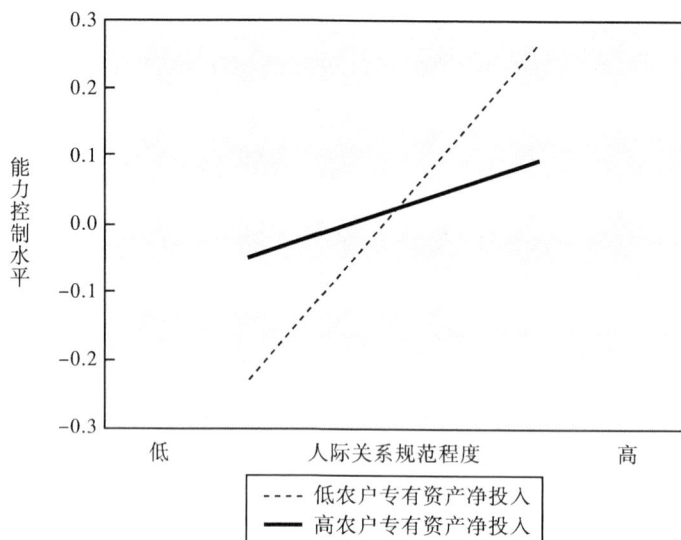

图 5-7　人际关系规范和农户专有资产净投入对生产能力控制的交互影响

图 5-7 显示了人际关系规范和农户专有资产净投入对生产能力控制的交互影响。从中可以看出，人际关系规范与收购商对农户生产能力控制水平呈正向相关关系，而且，实线（代表高农户专有资产净投入）的斜率小于虚线（代表低农户专有资产净投入）的斜率，说明高农户专有资产净投入相较于低农户专有资产净投入，明显削弱了人际关系规范对农户生产能力控制的正向影响。

第六章 结果讨论

从第五章的分析结果可以看出，绝大部分研究假设得到了支持，但也有一小部分没有得到支持，这些结果有趣而且耐人寻味，不仅为渠道治理理论、管理控制理论和契约型农产品交易关系稳定性研究做出了理论上的探索，也对我国农业产业化实践具有重要的指导意义。

第一节 主效应

本书的实证研究结果证实了治理机制（契约完备性和人际关系规范）对管理控制有显著的正向影响，同时，管理控制也对渠道行为结果（农户投机行为和农户绩效）有显著的影响作用。为了方便了解研究模型的主效应检验结果，我们根据第五章第二节中相关内容，绘制了主效应检验结果，如表6-1所示。

表6-1 主效应检验结果

研究假设	标准化路径系数	结论
假设H1a：农户与收购商签订的契约越完备，收购商对农户的生产结果控制水平越高	0.294***	支持
假设H1b：农户与收购商签订的契约越完备，收购商对农户的生产过程控制水平越高	0.294***	支持

续表

研究假设	标准化路径系数	结论
假设 H1c：农户与收购商签订的契约越完备，收购商对农户的生产能力控制水平越高	0.363***	支持
假设 H2a：农户与收购商之间人际关系规范程度越高，收购商对农户的生产结果控制水平越高	0.227**	支持
假设 H2b：农户与收购商之间人际关系规范程度越高，收购商对农户的生产过程控制水平越高	0.211**	支持
假设 H2c：农户与收购商之间人际关系规范程度越高，收购商对农户的生产能力控制水平越高	0.196**	支持
假设 H3a：收购商对农户生产结果控制水平越高，农户的投机行为越少	−0.104	未支持
假设 H3b：收购商对农户生产过程控制水平越高，农户的投机行为越少	−0.230*	支持
假设 H3c：收购商对农户生产能力控制水平越高，农户的投机行为越少	−0.220*	支持
假设 H4a：收购商对农户生产结果控制水平越高，农户的绩效越高	0.164*	支持
假设 H4b：收购商对农户生产过程控制水平越高，农户的绩效越高	0.199*	支持
假设 H4c：收购商对农户生产能力控制水平越高，农户的绩效越高	0.240**	支持

注：*** 表示 $p < 0.001$（双尾检验），** 表示 $p < 0.01$（双尾检验），* 表示 $p < 0.05$（双尾检验）。

一、契约完备性与收购商对农户的管理控制

根据分析结果（见表 6-1），契约完备性对管理控制有显著的正向影响，说明农户与收购商签订的契约越完备，收购商对农户的控制水平越高（假设 H1），具体而言，生产结果控制（假设 H1a）、生产过程控制（假设 H1b）和生产能力控制（假设 H1c）的水平都会随着契约完备程度的提升而相应地提高。这表明控制作为一种事后治理机制（Zhang & Zhou，2013）与事前管理机制——正式契约（Kashyap et al.，2012）密切相关。脱离计划，控制就会失去方向（庄贵军，2004），契约载明了当事方在一个时间跨度内的计划行动（许景，2011），是控制的标准。契约越完备，代表着（交易）相关的事情被规定得越详细（Kashyap、Antia & Fraier，2012），因而越有利于收购商对农户实施管理控制。本书的研究为论证契约机制与管理控制之间的关系提供了实证研究证据。

与此同时，在三种控制形式中，相对于生产结果控制（$b = 0.294$）和生产过程控制（$b = 0.294$），契约完备性对农户生产能力控制的影响更为显

著（b = 0.363），这表明契约完备性对三种控制形式的影响存在着差异。究其原因，可能是因为结果控制和过程控制要求管理者对手段与结果之间的关系清晰化（Eisenhardt，1985），但在高度不确定性的农产品营销渠道中，收购商很难在事前对农户行为结果和生产过程中的所有事项进行清晰的界定，而能力控制强调收购商在生产过程中为了提高农户生产技能应该承担的责任，相较于结果控制和过程控制更容易清晰和完全地界定。因此，契约完备性对农户生产能力控制的影响更为显著。

二、人际关系规范与收购商对农户的管理控制

根据分析结果（见表 6-1），人际关系规范对管理控制有显著的正向影响，说明农户与收购商之间人际关系规范程度越高，收购商对农户的控制水平越高（假设 H2）。具体而言，人际关系规范对生产结果控制（H2a）、生产过程控制（H2b）和生产能力控制（H2c）都有显著的正向影响，这与工业品渠道中的研究结论有所差异。Zhou 等（2012）和 Zhang 等（2013）提出关系治理与控制之间是相互替代的，Zhou 等（2012）研究发现当关系规范程度低时，集中控制对供应商的投机行为有显著的负向影响；当关系规范高时，集中控制对供应商的投机行为有显著的正向影响，Zhang 等（2013）实证结果与之类似。产生上述差异原因，除了检验方法差异（上文检验的调节效应，本书检验的是直接效应）和测量变量差异（Zhang 等（2013）关系治理测量的是信任，控制没有区分类型；本书是基于本土文化修订的量表，控制区分类型）外，我们认为人际关系规范对管理控制具有显著的正向影响，主要是因为经济行为是嵌入在复杂的社会互动背景（Granovetter，1985），治理结构经常需要市场、社会和权威为基础的多种混合治理机制，而非将其中某一类排除在外（Cannon、Achrol & Gundlach，2000；Zhang & Zhou，2013）。人际关系规范为交易双方创造了一个和谐的沟通氛围，使得交易活动更加顺畅，通过提升信任和合作，增强了收购商对农户管理控制的水平，即人际关系规范对管理控制有补充作用。

与此同时，在三种控制方式中，人际关系规范对农户的生产结果控制

的作用最为明显（b = 0.227），对农户的生产过程控制的作用次之（b = 0.211），对农户的生产能力控制的作用最弱（b = 0.196），这表明人际关系规范对不同的管理控制方式的影响也存在差异。究其原因，可能是农产品交割环节是决定双方利益的关键时点，收购商对农户的生产结果控制直接影响农户在本轮订单中的最终收益。因此，相对于生产过程和生产能力的控制过程，双方在生产结果控制过程中，矛盾和冲突会更为凸显，人际关系规范的协调和沟通作用也会更为重要。而生产能力控制是为了发现农户生产技能方面的不足，以便日后收购商有针对性地提供帮助指导或培训，在这个过程中，即使收购商对农户是单边的控制和约束，农户也会认同收购商的这种合法权力（Hernandez & Arcas，2003），双方的矛盾和冲突最小，人际关系规范的作用也显得最弱。

三、收购商对农户的管理控制与农户投机行为

根据分析结果（见表 6-1），收购商对农户的生产过程控制和生产能力控制对农户投机行为有显著的抑制作用（假设 H3b 和假设 H3c），这说明在契约型农产品营销渠道中，过程控制和能力控制在稳定交易关系中的作用十分明显，但收购商对农户的生产结果控制对农户投机行为的负向影响不显著（假设 H3a）。这可能是因为，虽然结果控制使农户对自己最终可以获得的经济上和非经济上的利益有清晰的认识（Ouchi & Maguire，1975）。但是，结果控制却将生产风险全部转移给了农户，同时分享农户的最终劳动剩余（Anderson & Oliver，1987）。当受控者在无法预知风险的情况下，完成目标很困难时，他们会感到来自外部的压力，伴随着压力的提升，他们试图通过行使一些不良的行为来减轻这种压力（Hirst，1981；Ramaswami，1996）。因此，收购商对农户结果控制虽然有助于发现农户的投机行为（隐藏在上交的农产品的质量和数量信息），但会形成隐性的压力，不能抑制农户的投机行为产生，甚至可能起到相反的效果。收购商对农户生产过程控制和生产能力控制之所以可以抑制投机行为，是因为在过程控制中，收购商会帮助农户改进生产流程，这意味着存在着知识的传

递，这一现象在收购商对农户生产能力控制中更为明显。知识传递具有激励效果（Oliver & Anderson，1994），提高了双方沟通的频率和质量（Hernandez & Arcas，2003），降低了收购商与农户之间的信息不对称，进而降低了农户的投机行为。同时，知识传递使得受控者知道如何提高行为活动，对他们的价值创造活动有直接的影响（Hernandez & Arcas，2003），降低了农户生产经营风险，促使他们不轻易选择投机。因此，生产过程控制和能力控制中能够减少农户投机行为的产生。

本书的研究结论与现有研究中对组织内部销售人员的管理控制得出的研究结论略有不同。在本书中，收购商对农户的生产过程控制对农户的投机行为有显著的抑制作用，但在组织内部管理中，管理者对销售人员采取过程控制方式会增加销售人员的投机行为（不良行为）（Jawroski & Macinnis，1989；Agarwal & Ramaswami，1993；Ramaswami，1996）。

首先，这可能是因为管理者对于销售人员采取过程控制方式是与销售人员的绩效直接挂钩，例如，以电话访问目标客户的次数作为收入的考核标准，销售人员为了增加收入，可能会出现篡改数据等投机行为。但是在契约型农产品营销渠道中，农户生产过程中的行为并不与农户的收入直接联系，农户收入仍是以最终农产品的数量和质量作为核算基础，因此，生产过程控制不是引起农户投机行为的必然因素。

其次，如上文所述，收购商对农户生产过程改进具有知识传递的作用，对于信息匮乏和文化水平有限的农户而言，获得知识是一种内在的奖励（Anderson & Oliver，1987）。但管理者对于销售人员销售流程的干涉可能会起到相反作用，因为销售工作是具有个性化的职业，大部分销售人员长期从事销售工作，逐渐摸索出一套适合自己的销售技巧，管理者的改进可能不仅不能提高业绩，还可能被认为是剥夺销售人员的自主权。因此，收购商对农户的过程控制可以抑制农户的投机行为，但组织内部对于销售人员的过程控制却可能加剧其投机行为。

四、收购商对农户的管理控制与农户绩效

在契约型农产品营销渠道中，收购商对农户的管理控制不仅有利于稳定交易关系，还有助于农户绩效的提升。如实证结果（见表 6-1）所示，收购商对农户的管理控制水平越高，农户的绩效越高（假设 H4）。其中，生产能力控制对农户绩效的影响最为显著（b = 0.240，p < 0.01），生产过程控制的影响次之（b = 0.199，p < 0.05），生产结果控制的作用较弱（b = 0.164，p < 0.05），这表明不同的控制方式对农户绩效影响水平不同。产生这种差异的原因可能在于，作为资金和信息都相对匮乏的农户，结果控制可以使得农户清晰地认识到目标收获和付出之间的关系，激励他们寻找更为合适的策略去提高绩效（Challagalla & Shervani，1996）。但是，收购商在生产过程控制和能力控制中提供的有效信息，能够更为有效地帮助他们提高绩效，特别是能力控制不仅直接满足了农户对生产技能提高的心理需求，增进了农户提高绩效的信心，更能显著地提高农户生产经营能力，从而有助于长期绩效的提升。此外，本书测量的是农户过去 3 年的绩效水平，而相对于结果控制和过程控制，能力控制是一个长期努力的过程，使得受控者能够具备顺利完成一项任务的能力，或者是自己解决问题的能力（Challagalla & Shervani，1996；Joski，2009）。因此，它将直接影响农户生产活动的产出，对长期绩效提升显然更有作用。

本书的研究结论也进一步证实了工业品渠道中的一些研究结论。在管理控制研究初期，很多学者对过程控制是否有利于绩效的提高存在质疑，而且通过实证研究发现管理者对销售人员采取过程控制方式降低了销售人员的最终绩效（Oliver & Anderson，1994），或是与销售人员最终绩效无关（Jaworski et al.，1993）。但 Grant 和 Cravent（1996）以及 Crosno 和 Brown（2014）分别在组织内部和组织间证实了过程控制可以提高受控者的绩效。对于上述现象的解释，学者们提出过程控制能否提高受控者的绩效取决于其是否满足了受控者的需求，如有提供价值的信息，或操作知识等（Grant & Cravent，1996；Challagalla & Shervani，1996；Joshi，2009）。在本书的研

究中，收购商在生产过程控制和生产能力控制过程中，满足了农户对生产流程知识和提高农业生产技能的内在需求，因此有助于提高农户的绩效。

第二节 收购商对农户管理控制的中介作用

本书的实证研究结果证实了收购商对农户的管理控制在治理机制（契约完备性和人际关系规范）对渠道行为结果（农户投机行为和农户绩效）影响过程中存在中介效应。为了方便了解研究模型的中介检验结果，根据第五章第二节中相关内容，绘制了收购商对农户管理控制的中介效应检验结果一览表，如表6-2所示。

表6-2　收购商对农户管理控制的中介效应检验结果

研究假设	结论
假设 H5a：收购商对农户的生产结果控制在契约完备性对农户投机行为的影响过程中起到中介作用	未支持
假设 H5b：收购商对农户的生产过程控制在契约完备性对农户投机行为的影响过程中起到中介作用	部分中介作用
假设 H5c：收购商对农户的生产能力控制在契约完备性对农户投机行为的影响过程中起到中介作用	部分中介作用
假设 H6a：收购商对农户的生产结果控制在契约完备性对农户绩效的影响过程中起到中介作用	部分中介作用
假设 H6b：收购商对农户的生产过程控制在契约完备性对农户绩效的影响过程中起到中介作用	部分中介作用
假设 H6c：收购商对农户的生产能力控制在契约完备性对农户绩效的影响过程中起到中介作用	完全中介作用
假设 H7a：收购商对农户的生产结果控制在人际关系规范对农户投机行为的影响过程中起到中介作用	未支持
假设 H7b：收购商对农户的生产过程控制在人际关系规范对农户投机行为的影响过程中起到中介作用	完全中介作用
假设 H7c：收购商对农户的生产能力控制在人际关系规范对农户投机行为的影响过程中起到中介作用	完全中介作用

研究假设	结论
假设 H8a：收购商对农户的生产结果控制在人际关系规范对农户绩效的影响过程中起到中介作用	部分中介作用
假设 H8b：收购商对农户的生产过程控制在人际关系规范对农户绩效的影响过程中起到中介作用	部分中介作用
假设 H8c：收购商对农户的生产能力控制在人际关系规范对农户绩效的影响过程中起到中介作用	部分中介作用

一、收购商对农户的管理控制在契约完备性与农户投机行为之间的中介作用

根据分析结果（见表 6-2），收购商对农户的生产过程控制和生产能力控制在契约完备性对农户投机行为的影响过程中起到部分中介作用（假设 H5b 和 H5c）。但是，收购商对农户的生产结果控制在契约完备性对农户投机行为的影响过程中的中介作用不显著（假设 H5a），这说明契约完备性无法通过收购商对农户的生产结果控制降低农户的投机行为。

究其原因，如上文所述，收购商对农户的生产结果控制目的是为保障完备契约中所规定的交割事项能够顺利进行，有助于发现农户的投机行为，但它不能抑制这种行为的产生，因为结果控制是将生产经营风险转移给农户，同时分享农户的最终劳动剩余（Anderson & Oliver，1987）。因此，结果控制越严格，农户感到自己利益被侵蚀越严重，会产生强烈的逆反情绪，不仅不能降低投机行为，还可能强化投机行为（Ramaswami，1996）。与之相反，生产过程控制和生产能力控制不仅保证了农户按照契约中所规定生产流程操作和具备应有生产技术能力，而且收购商可以帮助农户契约规定外在生产过程和生产能力中出现的新问题时，使其相信收购商不是只站在自己角度施加命令和剥夺他们的利益，而是会考虑他们的利益。因此，农户会认同收购商控制的合法权利，并将自己绩效的提高归结于收购商的（权威），进而提高他们对收购商的依赖和关系的长期承诺（Hernandez & Arcas，2003），因此不会轻易地采取投机行为。

二、收购商对农户的管理控制在契约完备性与农户绩效之间的中介作用

根据分析结果（见表6-2），收购商对农户的生产结果控制和生产过程控制在契约完备性对农户绩效的影响过程中起到部分中介作用（假设H6a和H6b），收购商对农户的生产能力控制在契约完备性对农户绩效的影响过程中起到完全中介作用（假设H6c），这说明相对于生产结果控制和生产过程控制，生产能力控制在契约完备性对农户绩效影响过程中发挥着更为重要的作用。渠道成员的绩效与其生产技术水平密切相关（Challagalla & Shervani，1996），在契约型农产品营销渠道中，对于文化水平不高，受资金、信息条件约束的小农户而言，农业生产中无法预料的生产技术难题，可能是更为棘手的问题，将直接影响他们的绩效水平。收购商对农户生产能力的控制既确保了农户具备完备契约中所要求的生产能力，还可以为农户提供及时、有效的技术帮助和培训指导，以应对契约无法预测的技术难题，对提高农户绩效的作用更为显著。此外，如上文所述，本书测量的是农户近3年的绩效水平，而能力控制是一个长期努力的结果，能够使受控者具备顺利完成任务的必要技能，对生产活动的产出有直接影响，因此，收购商对农户的生产能力控制在契约完备性对农户长期绩效影响过程中发挥着更为重要的作用，即收购商对农户的生产能力控制在契约完备性对农户绩效的影响过程中可以起到完全中介作用。

三、收购商对农户的管理控制在人际关系规范与农户投机行为之间的中介作用

如表6-2所示，收购商对农户的生产过程控制和生产能力控制在人际关系规范对农户投机行为的影响过程中起到完全中介作用（假设H7b和H7c），这再次说明了关系规范建立在双方共享价值观和行为期望之上，隐含于具体的行动或状态中，可能无法直接用于渠道治理中（Zhuang et al.，2010）。也就是说，人际关系规范需要依赖生产过程控制和生产能力控制

中的行为活动作为中介，才能更好地抑制投机行为。同时，收购商对农户的生产结果控制在人际关系规范对农户投机行为的影响过程中的中介作用不显著（假设 H7a）。

这可能是因为，在农产品交割环节，农户和收购商人际关系规范程度高，意味着农户对收购商有着积极的情感，表现行为上即为配合收购商对农户评估、检查，这可以提高收购商对农户投机行为觉察能力，但是无法减少这种行为的发生。在生产过程控制和能力控制中，农户和收购商的人际关系规范程度高，不仅体现在农户配合收购商对生产流程和生产能力的评估和检查，还表现为农户听取收购商建议改进生产流程和积极地参与到收购商能力培训中，而改进生产流程和生产能力培训促进了生产过程中的知识传递，激发农户内在动力，使得控制行为不再是命令，而是帮助农户更为有效地完成既定目标的合作行为（Hernandez & Arcas，2003），因而农户不会轻易地选择投机行为。因此，生产过程控制和生产能力控制在人际关系规范对农户投机行为的影响过程中起到完全中介作用。

四、收购商对农户的管理控制在人际关系规范与农户绩效之间的中介作用

如实证结果（见表 6-2）所示，收购商对农户的生产结果控制、生产过程控制和生产能力控制在人际关系规范对农户绩效的影响过程中起到部分中介作用（假设 H8a、H8b 和 H8c）。这再次说明了关系治理并不是存在真空环境中的，它必须在具体交易环境中可以操作（Noordewier et al.，1990），也就是说，人际关系规范只有融入农户价值创造活动中才能达到促进农户绩效提升的目的。

具体而言，农户与收购商人际关系规范程度高，收购商会将农户视为"自己人"，在生产结果控制过程中，收购商在农产品评级和监督时不会斤斤计较，保障了农户生产出来的农产品能够顺利销售并获得理想的价格，提高了其绩效；有利于在生产过程中，收购商帮助农户设计科学合理的生产流程和对农户提供全方位的技术指导和培训，提高农产品的产量和品

质，进而提高农户的绩效。

第三节　市场不确定性和农户专有资产净投入对治理机制与治理过程机制之间关系的调节影响

本书的实证研究结论证实了市场不确定性和专有资产净投入作为影响交易重要维度对治理机制与管理控制之间的相关关系有显著的调节作用。为了方便了解研究模型中调节检验的最终结果，根据第五章第二节中相关内容，得出市场不确定性和农户专有资产净投入的调节效应检验结果，如表6-3所示。

表6-3　市场不确定性和农户专有资产净投入的调节效应检验结果

研究假设	交互系数	结论
假设H9a：市场不确定性对契约完备性与收购商对农户生产结果控制之间的正向相关关系起到负向调节作用	−0.032	未支持
假设H9b：市场不确定性对契约完备性与收购商对农户生产过程控制之间的正向相关关系起到正向调节作用	0.118†	支持
假设H9c：市场不确定性对契约完备性与收购商对农户生产能力控制之间的正向相关关系起到负向调节作用	0.082	未支持
假设H10a：市场不确定性对人际关系规范与收购商对农户生产结果控制之间的正向相关关系起到正向调节作用	0.109†	支持
假设H10b：市场不确定性对人际关系规范与收购商对农户生产过程控制之间的正向相关关系起到正向调节作用	0.165*	支持
假设H10c：市场不确定性对人际关系规范与收购商对农户生产能力控制之间的正向相关关系起到正向调节作用	0.063	未支持
假设H11a：农户专有资产净投入对契约完备性与收购商对农户生产结果控制之间的正向相关关系起到负向调节作用	−0.137*	支持
假设H11b：农户专有资产净投入对契约完备性与收购商对农户生产过程控制之间的正向相关关系起到负向调节作用	−0.173**	支持
假设H11c：农户专有资产净投入对契约完备性与收购商对农户生产能力控制之间的正向相关关系起到负向调节作用	−0.206**	支持

研究假设	交互系数	结论
假设 H12a：农户专有资产净投入对人际关系规范与收购商对农户生产结果控制之间的正向相关关系起到负向调节作用	0.026	未支持
假设 H12b：农户专有资产净投入对人际关系规范与收购商对农户生产过程控制之间的正向相关关系起到负向调节作用	−0.085	未支持
假设 H12c：农户专有资产净投入对人际关系规范与收购商对农户生产能力控制之间的正向相关关系起到负向调节作用	−0.124*	支持

注：*** 表示 $p < 0.001$（双尾检验），** 表示 $p < 0.01$（双尾检验），* 表示 $p < 0.05$（双尾检验），† 表示 $p < 0.1$（双尾检验）。

一、市场不确定性对契约完备性与管理控制之间关系的调节影响

根据表 6-3 和图 5-1，高市场不确定性相较于低市场不确定性，明显增强了契约完备性对生产过程控制的正向影响（假设 H9b）。但是，市场不确定性对契约完备性与收购商对农户生产结果控制之间的正向相关关系、对契约完备性与收购商对农户生产能力控制之间的正向相关关系，负向调节作用都不显著（假设 H9a 和 H9c）。究其原因：

首先，市场不确定性对契约完备性与生产结果控制之间的正相关关系没有调节作用，可能是与生产结果控制的测量内容有关。市场不确定性是指难以预测农产品的需求品种或需求量、价格走势等（刘凤芹，2003），其中，价格因素是最为关键的因素，将直接决定交易双方最终利益分配。例如，当市场价格高于订单价格，农户受损、收购商受益；当市场价格低于订单价格，收购商亏损、农户受益，因此，市场不确定性影响完备契约的有效性主要是体现在制定农产品交割价格。但本研究中，生产结果控制主要测量的是收购者收购时检查、评估农产品是否符合收购标准，强调的是产品因素，而非价格因素，因此，市场不确定性对契约完备性与生产结果控制之间的正向相关关系没有调节作用。

其次，市场不确定性对契约完备性与生产能力控制之间的正向相关关系的调节作用不显著，可能是因为能力控制是一个长期努力的过程（Challagalla & Shervani, 1996; Joski, 2009), 农户具备生产某种农产品的特定技能需要在实践的过程中反复摸索和不断巩固。但是，市场不确定性常表现为农产品价格、需求等短期内迅速变化情况，它可能会影响完备契约中涉及短期内对能力控制投入的不足，但并不影响农户在一个较长时间内真正掌握了某项生产技能，而后者才是正式契约对能力控制影响的最终目的。因此，市场不确定性并没有削弱契约完备性对能力控制的正向影响。

二、市场不确定性对人际关系规范与管理控制之间关系的调节影响

根据表 6-3 以及图 5-2 和图 5-3，表明了市场不确定性（高不确定性相对于低不确定性），明显增强了人际关系规范对生产结果控制、生产过程控制的正向影响（假设 H10a 和 H10b）。这也说明相对于稳定的市场环境，高度不确定的市场环境中，农户会面临更多的风险，如果双方人际关系很好，无论是收购商，还是农户都会强化对过程和结果的密切配合，从而会放大人际关系规范对生产结果控制和生产过程控制中的正向影响作用。

与此同时，市场不确定性对人际关系规范与收购商对农户生产能力控制之间的正向相关关系的调节作用不显著（假设 H10c）。这可能是因为在高度不确定的市场环境中，农户和企业的首要目的可能不是着眼于未来的农户生产能力的培养，而是着眼于当前的生产，也就是订单当期的收益情况。同时，生产能力控制是一个需要收购商长期投入和农户不断习得的过程。因而，市场不确定性对人际关系规范与生产能力控制之间的正向相关关系的调节作用是不显著的。

三、农户专有资产净投入对契约完备性与管理控制之间关系的调节影响

根据表 6-3 以及图 5-4、图 5-5 和图 5-6，说明农户专有资产净投入（高净投入相对低净投入），能够明显削弱契约完备性对农户生产结果控制、生产过程控制和生产能力控制的正向影响（假设 H11a、H11b 和

H11c）。这也再次说明由于农户专有资产净投入的价值取决于关系维系，使农户的行为受制于收购商，降低了收购商通过其他治理机制（如完备契约）约束农户行为的需要（Stump & Heide，1996）。因此，农户专有资产净投入减弱了契约完备性对农户管理控制的正向影响。具体而言，无论是在生产结果控制环节，还是在生产过程控制和生产能力控制过程中，当农户专有资产净投入高时，完备契约对农户行为的约束作用都有明显的降低。

四、农户专有资产净投入对人际关系规范与管理控制之间关系的调节影响

根据表 6-3 以及图 5-7，说明农户专有资产净投入（高净投入相对低净投入），明显削弱了人际关系规范对农户生产能力控制的正向影响（假设 H12c）。同时，农户专有资产净投入对人际关系规范与农户生产结果控制、对人际关系规范与生产过程控制之间的正相关关系的调节作用不显著（假设 H12a 和 H12b）。这可能因为农户专有资产净投入属于治理的经济维度，人际关系规范属于治理的社会维度，从经济社会学的角度来看，任何经济行为都嵌入社会关系中（Granovetter，1985）。因此，人际关系规范作为双方交易关系互动的背景，无论农户专有资产净投入高低，都不可忽视其对管理控制活动的影响。特别是，相对于生产能力控制中的监督检查，是为了发现农户在生产技能方面的不足，以便日后有针对性地提供帮助指导或培训，生产过程控制和生产结果控制中的监督检查，更多的是出于收购商自身的利益考虑，容易引起双方矛盾和冲突。因为如果农户服从收购商的命令或安排，常意味放弃自主权，这会引起他们强烈的排斥和抵触心理（Crosno & Brown，2014）。因此，人际关系规范在其中的协调和沟通的作用是不可替代的。

第七章　总结与展望

第一节　研究的主要结论

本书以契约型农产品营销渠道为研究背景，将收购商对农户管理控制的三种方式——生产结果控制、生产过程控制和生产能力控制作为渠道治理过程机制，重点关注契约型农产品营销渠道中常见的两种治理机制（契约完备性和人际关系规范）如何通过收购商对农户的管理控制，进而影响农户的行为结果（农户投机行为和农户绩效），以及外部环境因素——市场不确定性和内部关系因素——农户专有资产净投入，如何影响渠道治理机制与管理控制之间的关系。本研究的主要结论包括以下四个方面：

第一，契约完备性和人际关系规范对管理控制具有显著的影响，而且对不同的管理控制方式影响作用大小存在着差异。具体而言，在契约完备性对控制的正向影响过程中，相对于生产结果控制和生产过程控制，契约完备性对农户生产能力控制影响更为显著；在人际关系规范对控制的正向影响过程中，人际关系规范对农户生产结果控制的作用最为明显，对农户生产过程控制的作用次之，对农户生产能力控制的作用最弱。

第二，管理控制对农户投机行为和农户绩效有显著的直接影响。具体而言，收购商对农户的生产过程控制和生产能力控制水平越高，越有利于减少农户的投机行为。同时，收购商对农户实施三种控制方式都可以有效地提升农户绩效，在这其中，生产能力控制影响最为显著，生产过程控制的影响次之，生产结果控制的作用较弱。

第三，收购商对农户的管理控制可以作为有效的治理过程机制。具体而言，契约完备性和人际关系规范都可以通过生产过程控制和生产能力控制抑制农户的投机行为。同时，契约完备性和人际关系规范可以通过这三种管理控制方式提升农户绩效。而且，在契约完备性对农户绩效影响过程中，不同管理控制方式影响作用略有不同，生产结果控制和生产过程控制起到部分中介作用，生产能力控制起到完全中介作用。

第四，市场不确定性和农户专有资产净投入作为重要的边界条件，可以有效地调节治理机制与治理过程机制之间的关系。具体而言，高市场不确定性相较于低市场不确定性不仅强化了契约完备性与收购商对农户生产过程控制之间的正向相关关系，而且放大了人际关系规范对农户生产结果控制和生产过程控制的正向影响。高农户专有资产净投入相较于低农户专有资产净投入，不仅削弱了契约完备性对生产结果控制、生产过程控制和生产能力控制的正向影响，而且对人际关系规范与收购商对农户的生产能力控制之间正向相关关系具有负向调节作用。

第二节 研究的理论贡献

一、证实了收购商对农户的管理控制可以作为有效的治理过程机制

本书从交易关系发展的全过程视角出发，即同时关注交易关系建构、

交易关系的维系（执行和监督）过程和渠道行为结果，研究证实了在契约型农产品营销渠道中，收购商对农户的管理控制可以作为有效的渠道治理过程机制。具体的贡献主要体现在以下几点：

第一，研究发现契约完备性和人际关系规范可以通过收购商对农户的管理控制进而抑制农户投机行为和提升农户绩效，说明渠道治理的有效性不仅取决于治理机制的建构方面，治理过程（治理机制的执行和监督方面）也是影响渠道交易关系稳定性和渠道绩效的关键。这弥补了现有渠道治理研究焦点集中于治理机制的设计与选择，忽视治理过程在维系和稳定交易关系的重要作用的不足。

第二，本书研究治理机制对结果变量影响过程中的中介路径发现，相同的管理控制方式在不同治理机制路径中的中介影响存在着差异，例如，生产过程控制和生产能力控制在契约完备性对农户投机行为影响过程中起到部分中介作用，在人际关系规范对农户投机行为过程中起到完全中介作用。同时，不同管理控制方式在相同治理机制路径中的中介影响存在着差异，例如，在契约完备性对农户绩效影响过程中，生产结果控制和生产过程控制起到部分中介作用，而生产能力控制在其中起到完全中介作用。这说明本书的中介路径分析，提高了理论具体解释过程的有效性和清晰度（前因变量如何通过中间变量实现对结果变量的影响）（Joshi & Stump，1999）。

第三，本书研究证实了相对于治理过程的某一方面，如监督控制不仅可以直接抑制农户的投机行为和提升绩效，而且可以作为有效的治理过程机制，即控制是更为全面的去管理渠道成员的行为，可能会产生更为理想的效果（Crosno & Brown，2014）。而且，本研究的发现与工业品渠道中得出的结论略有不同，即相对结果控制，过程控制和能力控制在抑制农户投机行为和提升农户绩效的作用更为显著，在这其中，能力控制的作用更为理想。

第四，本书的实证研究发现契约完备性和人际关系规范对三种控制形式的正向影响作用大小存在着差异，这为论证治理机制与管理控制之间的关系提供了实证研究证据。同时，与工业品渠道中的研究发现关系治理与控制之间是相互替代的（Zhou et al.，2012；Zhang et al.，2013）有所不同，本书验证了治理结构经常需要市场、社会和权威为基础的多种混合治理机制，而非将其中某一类排除在外（Cannon、Achrol & Gundlach，2000；Zhang & Zhou，2013），即人际关系规范对行为控制有补充作用。

二、将根植于本土文化的人际关系规范作为一种关系治理机制

本书在本土文化中汲取营养，将根植于本土文化的人际关系规范作为一种关系治理机制，并选择和形成能够体现中国人的关系文化要素的量表，实证性地检验了农产品收购商与农户之间的人际关系规范对渠道交易关系治理过程及结果的影响。这弥补了现有营销渠道关系型治理的定量研究，其理论基础及变量测量主要借鉴国外学者研究西方商业环境中的关系理论及其测量量表，在一定程度上制约了关系治理的本土适应性，特别是不能充分解释中国乡村社会中人际关系的作用。因此，本研究扩展和丰富了渠道关系治理的理论及其实证研究操作方法，也增强了关系治理的本土适用性。

三、证实了重要的环境/交易因素对治理机制与治理过程机制之间关系的调节影响

本研究检验了反映外部环境变化程度的变量——市场不确定性和内部交易关系程度因素——农户的专有资产净投入作为模型重要边界条件，对渠道治理机制与农户行为控制之间的关系有显著的调节作用，这弥补了现有研究忽视了重要的交易或环境因素对治理机制与治理过程机制之间关系的调节影响。具体而言，市场不确定性强化了契约完备性和人际关系规范对行为控制的正向影响，而农户专有资产净投入则起到了削弱作用，这将增强我们了解在何种情况下会加强或减弱治理机制对治理过程的影响，也为实践中选择何种控制机制提供了依据。

第三节　研究的实践意义

一、关注以生产过程控制和能力控制为主的管理控制在交易关系治理过程中的重要作用

在转型经济的中国市场环境下，高度不确定性增加了管理者预测未来的困难，以及法律法规等正式制度尚不完善的问题，使得正式契约作为主要的渠道治理机制在抑制成员的投机行为和提升渠道绩效过程中存在明显不足。

本书研究发现，以生产过程控制和生产能力控制为主的管理控制在交易进行过程中，可以有效地保障正式契约在抑制农户投机行为和提升农户绩效中的作用，这不仅对在契约型农产品渠道中，收购商解决渠道交易的不稳定，农户违约率居高不下，以及农民增产不增收的问题具有重要实践价值，同时，这也为企业管理者如何克服在转型经济的中国市场环境下，契约机制在维系和管理渠道交易关系过程中的不足提供了一种解决方案。

二、重视人际关系的培养在交易关系管理中的作用

以往收购商与农户的交易关系管理中，注重交易关系的经济维度方面，对交易关系的社会维度关注不足。本书研究结果说明人际关系在收购商管理与农户的交易关系中发挥着重要的作用。具体而言，人际关系中的沟通协调机制可以有助于减少收购商对农户施行单边控制带来的抵触心理和不满情绪，提升农户对收购商控制行为的支持和配合，而且当市场环境不确定性和农户专有资产净投入高时，人际关系规范的协调和沟通作用仍然非常重要。

在中国农村社会，人们的活动范围有地域上的限制，在区域间接触少，各自保持着孤立的社会圈子，这也使得农村人与他人交往遵循"差序式的信任"原则。作为"外人"的收购商，农户是有条件的信任或者缺乏信任，凡事会斤斤计较。但收购商可以通过"拜把子"、"认干亲"等"拟亲化"和增强交易双方情感互动方式拉近彼此的距离，变成农户的"自己人"，这将会极大地提升收购商对农户交易关系管理水平。

三、关注农户专有资产在渠道交易关系管理中的作用

在契约型农产品渠道交易关系中，收购商可以有意引导农户进行专有资产的投资。农户专有资产相对于通用资产，具有更大的价值创造能力，而且它的价值取决于关系维系，不能够轻易转移或转移成本极高，因此降低了收购商通过其他治理机制来约束农户行为的需要。本书研究也证实了农户专有资产净投入降低了管理控制对完备契约的需求和人际关系规范的需要，这将极大地节约收购商管理与农户的交易关系的成本，但这一建议不能强制推行，农户是否投资及投资额的大小要取决于农户的意愿，否则会起到相反的作用。

四、政府应关注契约型农业的生产环节

由于受到我国农业生产制度、现阶段国情等多种因素制约，长期以来，农业弱质性和农民弱势群体的现状一直没有得到根本性改观。本书的研究结论可以提供一点有价值的参考，农户的增收取决于两个方面：一是农产品本身；二是农产品的销售。以往政府关注重点是农产品销售环节，即强调通过多种组织交易方式拓展农产品销售。

本书研究结论发现，政府在招商引资选择农业产业化龙头企业时，可以有意选择能够在农户生产过程中提供支持和帮助的收购商，或者通过促进收购商和农户在生产环节密切合作进而提升交易关系稳定性和提升农户收益。例如，政府可以协助收购商展开对农户的生产能力控制，对于处于渠道弱势方的农户而言，生产能力控制会满足他们对能力的内在心理需求

和增强提高绩效的信心，这不仅对农业增收有显著的作用，而且对稳定收购商与农户交易关系，完善现有的契约型农业交易制度具有一定的积极意义。

第四节　研究的局限性与未来的研究方向

虽然本书在理论和实践方面做出了一些有益的探索和补充，但由于时间、精力和资源等多方面的因素的限制，本研究中还存在一些研究局限和未来需要进一步研究的问题。本书的研究局限性和未来的研究方向包括以下几点：

第一，为了使研究样本尽可能具有代表性和差异性，本研究在全国多个省市采取了大规模的抽样，但本书只从参与契约型交易关系的农户一边收集数据，虽然可以反映农户一边情况，但不能完全反映收购商一边的态度和行为，今后需要从收购商和农户双方搜集数据。此外，本书以契约型农产品营销渠道为背景，证实了管理控制可以作为有效的治理过程机制，今后需要从其他行业采集购销双边数据进行验证，这不仅可以有效地提升研究的外部效度（Cai et al.，2009），也有助于提升研究结论的普适性。

第二，本书参照渠道治理领域定量研究的主流方法，采用截面数据检验渠道治理全过程中变量之间的相关联系。但是，截面样本的设计能够明显地限制我们细致而全面地检验变量之间关系本质的能力（Poppo & Zenger，2002）。因此，未来的研究需要时序数据或实验方法检验这种复杂的动态关系，在农产品渠道中，也可以考虑案例研究，因为这些方法有利于因果变量的暂时分离（Joshi，2009）。

第三，本书研究从收购商的视角出发，重点关注收购商对农户管理控制水平，这对于减少农户投机行为、增进农户绩效，维持和提升契约型农产品交易关系的稳定性做出了积极的探索。但是，本研究忽视了控制的成本问题，对于收购商而言，控制的最终目的也是为了盈利，如果控制的成本要远大于收益，控制本身的意义也会被严重地削弱。因此，收购商在对农户的管理控制过程中，如何平衡成本和控制之间的关系是未来需要进一步深入研究的课题。

第四，很多学者认为关系是个多维度概念（Tsang，1998；Lee & Dawes，2005)，由感情、互惠、面子、人情、信任、互动等因素构成，本书在现有研究的基础上形成新的人际关系规范测量量表，将其作为整体进行测量，并未区分维度，这是由于在现实生活中，人际关系规范的各构成因素通常以共同或交互的方式对个体行为产生影响，但探讨关系的单个维度对渠道管理控制的不同影响仍然具有重要的理论价值。

第五，本书分别考察了结果控制、过程控制和能力控制这三种不同的控制形式在渠道治理过程中的作用，但是它们之间可能是相互排斥或者是互补的（Carbonell & Rodrigue-Escudero，2013)，未来的研究可以检验不同的控制方式的复合形式作为渠道治理过程机制的作用。同时，本书将控制作为单一维度进行测量，控制的作用可以概念化两个主要的维度——信息（目标设定、监督和反馈）和强化（奖励和惩罚）（Anderson & Oliver，1987；Challagalla & Shervani，1996)，未来这种区分不同维度的控制研究能够提升理解管理控制在渠道治理过程中的作用机制。

第六，本书参照了研究中国转型经济背景下渠道治理的文献（Zhou et al.，2008；Li et al.，2010；Yang et al.，2011；Zhou & Xu，2012；Zhang & Zhou，2013)，将制度环境不确定性作为影响契约治理的既定前提，并未检验其对契约执行过程的影响，但这在一定程度上影响了研究的可靠性。因此，未来研究需要检验制度环境不确定性对渠道治理过程的影响。此外，在契约型农产品营销渠道中，自然环境（气候、土壤、生物）、竞争因素等外部环境带来的不确定性都会加大收购商对农户管理控制的难度和成本。因而，未来的研究还需要将农业自然环境波动性、竞争因素等多种外部环境的影响因素纳入研究模型中，这对提高管理控制的实用价值将具有重要意义。

附录
农产品流通渠道关系研究调查问卷

请在最适合的答案上打√，或在_____上填写相关信息。

1. 您的年龄_____。

2. 您的最高学历：□小学及以下　□初中　□高中（中专）　□大专及以上

3. 您家共有_____人，其中从事农业的劳动力有_____人，外出打工_____人。

4. 您家所从事的生产类型：□种植业，具体类型_____（如粮食、蔬菜、水果等）。

□养殖业，具体类型_____（如养鸡、养猪、养牛、养鱼等）。

5. 您在村里的身份是：□村屯干部　□村民小组组长　□合作社带头人　□教师　□医生　□技术员　□种养殖大户　□普通村民　□其他_____（请填写）。

6. 您家去年全年的农业纯收入（全部收入扣除各种生产成本开支部分）_____万元；农业以外的其他收入（如打工等）_____万元。

7. 您从事订单生产_____年了？

与您签订单的是：□龙头企业　□合作社　□协会　□经纪人/中间商　□其他_____（请填写）。

第一部分，请选择您对下列说法的同意程度，在对应的数字下面打√		非常不同意	不同意	基本同意	同意	非常同意
MU1	我所种植（养殖）的农产品的市场需求量变化非常大	1	2	3	4	5
MU2	我所种植（养殖）的农产品的品种市场需求经常变化	1	2	3	4	5
MU3	我所种植（养殖）的农产品的市场行情变化很快	1	2	3	4	5
MU4	预测市场行情的变化非常困难	1	2	3	4	5

以下，请围绕与您签订订单的这个农产品收购者（企业、合作社或个人）或其代表者（如果有多个订单收购者，请选择一个最重要的收购者）的买卖关系回答以下问题。

8. 该收购者收购您的农产品占您总的销售额的比例约为_____（请填写百分数）。

第二部分，为了适应收购者的要求，您可能在时间、精力和（或）金钱等方面做出了一些专门的投入。请指出您为满足收购者而做出专门投入的程度，在对应的数字下面打√		很少	少	中等	多	很多
FRI1	学习专门的技术	1	2	3	4	5
FRI2	生产用地	1	2	3	4	5
FRI3	固定资产（如圈舍、大棚等）	1	2	3	4	5
FRI4	生产工具（如农机具等）	1	2	3	4	5
FRI5	其他生产资料（如肥料、饲料、种子、苗雏、包装材料等）	1	2	3	4	5
第三部分，收购者为您的生产销售提供的专门投入的程度，在对应的数字下面打√		很少	少	中等	多	很多
BRI1	提供周转资金	1	2	3	4	5
BRI2	赊销或垫付的生产资料（如肥料、饲料、种子、苗雏、包装材料等）	1	2	3	4	5
BRI3	为生产设施（如大棚、温室、圈舍）垫付资金	1	2	3	4	5
BRI4	为辅助生产工具（如农机或交通工具等）垫付资金	1	2	3	4	5
BRI5	安排专门的技术人员	1	2	3	4	5
BRI6	其他投入（如专设的收购站及管理人员、在当地建设了加工厂或批发市场）	1	2	3	4	5

第四部分，请选择您对下列说法的同意程度，在对应的数字下面打√	非常不同意	不同意	基本同意	同意	非常同意
CS1	我们签订的合同明确规定了我们双方的任务	1	2	3	4	5
CS2	我们签订的合同明确规定了我们双方应承担的责任	1	2	3	4	5
CS3	我们签订的合同明确规定了每一方的行为	1	2	3	4	5
CS4	我们签订的合同明确规定了该如何处理意外发生的事	1	2	3	4	5
CS5	我们签订的合同条款很详细	1	2	3	4	5
CS6	我们签订的合同条款尽可能写明了所有可能发生的情况	1	2	3	4	5
第五部分，请选择您对下列说法的同意程度，在对应的数字下面打√	非常不同意	不同意	基本同意	同意	非常同意
GN1	当他遇到困难时，我会表示关心和支持	1	2	3	4	5
GN2	我们都不会轻易做伤害感情的事	1	2	3	4	5
GN3	交往中我们都遵循有来有往的原则	1	2	3	4	5
GN4	需要时，我们会相互帮忙	1	2	3	4	5
GN5	当他在买卖中出错时，我会体谅	1	2	3	4	5
GN6	当我们买卖出问题时（如他没有及时付款或我们没有按时交货），我们都能相互理解	1	2	3	4	5
第六部分，请选择您对下列说法的同意程度，在对应的数字下面打√	非常不同意	不同意	基本同意	同意	非常同意
PR1	近3年，我的农业毛收入增长非常快	1	2	3	4	5
PR2	近3年，我的农业纯收入增长非常快	1	2	3	4	5
PR3	近3年，我的整体农业收入水平非常高	1	2	3	4	5
第七部分，请选择您对下列说法的同意程度，在对应的数字下面打√	非常不同意	不同意	基本同意	同意	非常同意
SP1	我不会主动地向收购者提供很多有关我生产情况的信息	1	2	3	4	5
SP2	有些生产活动除非收购者检查和坚持要求，我才会做（如果不要求，我就不做）	1	2	3	4	5
SP3	有时，为了增加收入，我将没有达到收购标准的产品掺杂到合格产品中	1	2	3	4	5
SP4	为了从收购者那里得到额外的帮助和支持，我可能会虚报产品的数量或质量	1	2	3	4	5

续表

第七部分，请选择您对下列说法的同意程度，在对应的数字下面打√		非常不同意	不同意	基本同意	同意	非常同意
SP5	当有市场价高于收购价时，我偶尔会不按合同规定交货或者违反合同约定把货卖给别人	1	2	3	4	5
SP6	当收购者无法追究我的违约行为时，我可能会隐瞒产品数量和质量信息	1	2	3	4	5
第八部分，请选择您对下列说法的同意程度，在对应的数字下面打√		非常不同意	不同意	基本同意	同意	非常同意
OC1	收购者对所收购的产品有明确的标准	1	2	3	4	5
OC2	收购者收购时会检查产品是否符合标准	1	2	3	4	5
OC3	如果产品达不到标准，我需要向收购者解释原因	1	2	3	4	5
OC4	收购者会告诉我的产品是否达到收购标准	1	2	3	4	5
OC5	我收入的增长取决于产品是否符合收购标准	1	2	3	4	5
OC6	如果我的产品达到甚至超过收购者的收购标准，我的收入会增加	1	2	3	4	5
PC1	收购者会监督我是否按规定程序进行生产活动	1	2	3	4	5
PC2	收购者会评估我的生产过程是否有利于生产符合收购标准的农产品	1	2	3	4	5
PC3	我达不到收购者所要求的种植（养殖）标准时，收购者会帮我改进种植（养殖）过程	1	2	3	4	5
PC4	收购者会告诉我对生产过程的检查结果	1	2	3	4	5
PC5	如果生产活动符合收购者的标准，我会受到表扬或奖励	1	2	3	4	5
PC6	如果生产活动不符合收购者的标准，我会受到警告或处罚	1	2	3	4	5
CC1	收购者对我的种植（养殖）技术有明确的要求	1	2	3	4	5
CC2	收购者会评估我的种植（养殖）技术是否有利于生产符合收购标准的农产品	1	2	3	4	5
CC3	收购者会帮助我提高相应的种植（养殖）能力	1	2	3	4	5
CC4	我的生产技能水平会影响我的收入水平	1	2	3	4	5
CC5	我的生产技能水平越高，收购者订购的产品越多	1	2	3	4	5
CC6	我的生产技能的提高会得到收购者的夸奖或奖励	1	2	3	4	5

请留下您的联系电话_____。

受访者家庭住址：_____（省、自治区）_____（市）_____（县、州、旗）_____（乡、镇）_____（村）。

参考文献

［1］敖嘉焯，万俊毅，黄璨. 社会资本对农业企业绩效的影响研究［J］. 软科学，2013，27（9）：117-121.

［2］陈灿. 农业龙头企业与合作农户的双边关系治理——基于阶层线性模型的一个实证分析［J］. 农村经济，2012（11）：36-41.

［3］陈灿. 资产专用性、不确定性与交易的治理模式——基于农业龙头企业与农户间交易的实证研究［J］. 商业经济与管理，2013（4）：44-50.

［4］陈灿，罗必良. 农业龙头企业对合作农户的关系治理［J］. 中国农村观察，2011（6）：46-55.

［5］陈灿，罗必良，黄灿. 差序格局、地域拓展与治理行为：东进农牧公司案例研究［J］. 中国农村观察，2010（7）：34-45.

［6］邓宏图，米献炜. 约束条件下合约选择和合约延续性条件分析——内蒙古塞飞亚集团有限公司和农户持续签约的经济解释［J］. 管理世界，2002（12）：120-127.

［7］董维维，庄贵军. 营销渠道中人际关系到跨组织合作关系：人情的调节作用［J］. 预测，2013，32（1）：17-22.

［8］费孝通. 乡土中国［M］. 北京：人民出版社，2008.

［9］高维和. 中国企业渠道投机行为及其治理策略研究［D］. 上海交通大学博士学位论文，2007.

［10］高维和，黄沛，刘志刚. 转轨时期中国企业渠道投机行为及其治理策略研究［J］. 管理评论，2007b，19（12）：32-40.

[11] 郭红东.龙头企业与农户订单安排与履约：理论和来自浙江企业的实证分析 [J].农业经济问题，2006（2）：36-42.

[12] 郭晓鸣，廖祖君，孙彬.订单农业运行机制的经济学分析 [J].农业经济问题，2006（11）：15-18.

[13] 韩顺平，徐波.渠道权力的来源、使用与渠道绩效——关于我国汽车营销渠道的实证研究 [J].经济管理，2007，29（2）：37-47.

[14] 胡保玲.边界人员私人关系及其对渠道关系的影响 [J].华东经济管理，2008，22（7）：101-104.

[15] 胡定寰，杨伟民，张瑜."农超对接"与农民专业合作社发展 [J].农村经营管理，2009（8）：26-32.

[16] 黄光国，胡先缙，Bruce 等.人情与面子：中国人的权利游戏 [M].北京：中国人民大学出版社，2010.

[17] 黄祖辉，王祖锁.从不完全合约看农业产业化经营的组织方式 [J].农业经济问题，2002（3）：28.

[18] 姜翰，金占明.企业间关系强度对关系价值机制影响的实证研究——基于企业间相互依赖性视角 [J].管理世界，2008（12）：114-125.

[19] 李苗，庄贵军，张涛等.企业间关系质量对关系型渠道治理机制的影响：企业 IT 能力的调节作用 [J].营销科学学报，2013，9（1）：79-89.

[20] 李品媛.管理学 [M].大连：东北财经大学出版社，2005.

[21] 林强，叶飞."公司+农户"型订单农业供应链的 Nash 协商模型 [J].系统工程理论与实践，2014，34（7）：1770-1777.

[22] 刘凤芹.不完全合约与履约障碍——以订单农业为例 [J].经济研究，2003（4）：22-29.

[23] 刘益，陶蕾，王颖.零售商的供应关系稳定性、信任与关系风险间的关系研究 [J].预测，2009（1）：36-55.

[24] 钱丽萍.渠道关系中专项投资综述 [J].营销科学学报，2007，4（4）：87-104.

[25] 瞿珊珊.龙头企业与农户合作关系：治理、绩效与影响因素 [D].

华中农业大学博士学位论文，2009.

[26] 生秀东. 订单农业的契约困境和组织形式的演进 [J]. 中国农村经济，2007（12）：31-39.

[27] 史建民. 提高农业订单履约率的法学分析 [J]. 农业经济问题，2001（12）：48-52.

[28] 田敏，张闯. 订单农业中交易关系的治理机制与风险防范——基于辽宁盛德集团的案例研究 [J]. 财贸研究，2010（4）：53-60.

[29] 田敏，张闯，夏春玉. 市场不确定性与农产品收购商投机行为：私人关系的作用 [J]. 商业经济与管理，2013（12）：11-20.

[30] 田敏，张闯，夏春玉. 契约型农产品渠道中私人关系对交易关系稳定性的影响 [J]. 财贸研究，2014（3）：49-56.

[31] 万俊毅. 准纵向一体化、关系治理与合约履行——以农业产业化经营的温氏模式为例 [J]. 管理世界，2008（12）：93-101.

[32] 万俊毅，欧晓明. 产业链整合、专用性投资与合作剩余分配：来自温氏模式的例证 [J]. 中国农村经济，2010（5）：28-42.

[33] 万俊毅，欧晓明. 社会嵌入、差序格局与合约稳定——基于东进模式的案例研究 [J]. 中国农村经济，2011（7）：14-23.

[34] 王亚飞，黄勇，唐爽. 龙头企业与农户订单履约效率及其动因探寻——来自 91 家农业企业的调查资料 [J]. 农业经济问题，2014（11）：16-25.

[35] 王亚静，祁春节. 我国契约农业中龙头企业与农户的博弈分析 [J]. 农业技术经济，2007（5）：25-30.

[36] 温忠麟，张雷，侯杰泰等. 中介效应检验程序及其应用 [J]. 心理学报，2004，36（6）：614-620.

[37] 夏春玉，张闯，董春艳等. 订单农业中交易关系的建立、发展与维护——以经纪人主导的蔬菜流通渠道为例 [J]. 财贸研究，2009（4）：53-60.

[38] 许景. 企业间正式契约对关系绩效影响的实证研究 [J]. 南京工业

大学学报（社会科学版），2011（3）：60-63.

[39] 徐健，张闯，夏春玉.农户人际关系网络结构、交易成本与违约倾向 [J].财贸经济，2010（12）：133-139.

[40] 约瑟夫·F.斯蒂格利茨.契约经济学 [M].北京：经济科学出版社，1999.

[41] 杨宜苗，肖庆功.不同流通渠道下农产品流通成本和效率比较研究——基于锦州市普通流通的案例分析 [J].农业经济问题，2011（2）：79-88.

[42] 杨国枢.中国人的社会取向：社会互动的观点 [C] //杨国枢，余安邦.中国人的心理与行为：理论及方法篇 [M].台北：桂冠图书公司，1992.

[43] 杨国枢.中国人的心理 [M].台北：桂冠图书公司，1988.

[44] 杨宜音."自己人"：信任建构过程的个案研究 [J].社会学研究，1999（2）：38-51.

[45] 应瑞瑶，郭忠心.农业产业化经营合同初探 [J].中国农村经济，1998（2）：18-22.

[46] ［美］詹姆斯·C.斯科特.农民的道义经济：东南亚的反叛和生存 [M].程立显等译.南京：译林出版社，2001.

[47] 翟学伟.人情、面子与权力的再生产——情理社会中的社会交换方式 [J].社会学研究，2004（5）：49-57.

[48] 赵泉民，李怡.关系网络与中国乡村社会的合作经济：基于社会资本视角 [J].农业经济问题，2007（5）：40-44.

[49] 张兵，胡俊伟."龙头企业＋农户"模式下违约的经济学分析 [J].现代经济探讨，2004（9）：29-32.

[50] 张闯.营销渠道控制：理论、模型与研究命题 [J].商业经济与管理，2006（3）：52-59.

[51] 张闯，汤宇，梁守砚.市场型交易关系的建立与发展及其运行机制 [J].财经问题研究，2010（3）：31-38.

［52］张闯，李骥，关宇虹.契约治理机制与渠道绩效：人情的作用［J］.管理评论，2014，26（2）：70-78.

［53］张闯，林曦.农产品交易关系治理机制：基于角色理论的整合分析框架［J］.学习与实践，2012（12）：38-44.

［54］张闯，田敏，关宇虹.渠道关系强度对关系型渠道治理的影响：关系行为与情感要素的不同作用［J］.营销科学学报，2012（2）：115-128.

［55］张闯，夏春玉.农产品流通渠道：权力结构与组织体系的构建［J］.农业经济问题，2005（7）：28-34.

［56］张闯，夏春玉，梁守砚.关系交换、治理机制与交易绩效：基于蔬菜流通渠道的比较案例研究［J］.管理世界，2009（8）：124-140.

［57］张闯，徐建，夏春玉.契约型农产品渠道中的渠道行为对关系稳定性的影响研究［J］.营销科学学报，2010（4）：4.

［58］张闯，周洋，田敏.订单农业中的交易成本与关系稳定性：中间商的作用——以安徽某镇养鸡业流通渠道为例［J］.学习与实践，2010（1）：30-36.

［59］张春勋.农产品交易的关系治理：对云南省通海县蔬菜种植户调查数据的实证分析［J］.中国农村经济，2009（8）：32-52.

［60］张涛，庄贵军，季刚.IT能力对营销渠道中关系型渠道治理的影响：一条抑制渠道投机行为的新途径［J］.管理世界，2010（7）：110-128.

［61］张秀烨.西方管理控制理论比较与启示［J］.审计与经济研究，2006（5）：90-95.

［62］中国农业年鉴编辑委员会.中国农业年鉴［M］.北京：中国农业出版社，2012.

［63］周立群，曹利群.商品契约优于要素契约——以农业产业化经营中的契约选择为例［J］.经济研究，2002（1）：14-19.

［64］庄贵军.营销渠道控制：理论与模型［J］.管理学报，2004（1）：82-88.

［65］庄贵军.基于渠道组织形式的渠道治理策略选择：渠道治理的一

个新视角 [J]. 南开管理评论，2012a（6）：72-84.

[66] 庄贵军. 关系在中国的文化内涵：管理学者的视角 [J]. 当代经济科学，2012b，34（1）：18-45.

[67] 庄贵军，席酉民. 关系营销在中国的文化基础 [J]. 管理世界，2003（10）：98-108.

[68] 庄贵军，李珂，崔晓明. 关系营销导向与跨组织人际关系对企业关系型渠道治理的影响 [J]. 管理世界，2008（7）：77-90.

[69] Achrol R. S. and Gundlach G. T. Legal and Social Safeguards against Opportunism in Exchange[J]. Journal of Retailing，1999，75（1）：107-124.

[70] Aiken L. and West S. Multiple Regression：Testing and Interpreting Interactions [M]. London：Sage Publications，1999.

[71] Anderson E. Transaction Costs as Determinants of Opportunism in Integrated and Independent Sales Forces [J]. Journal of Economic Behavior and Organization，1988，9（5）：247-264.

[72] Anderson J. C. and Narus J. A. A Model of Distribution Firm and Manufacturer Firm Working Partnerships [J]. Journal of Marketing，1990，54（1）：42-58.

[73] Anderson E. and Oliver R. L. Perspectives on Behavior-based Versus Outcome-based Sales Force Control Systems [J]. Journal of Marketing，1987，51（10）：76-88.

[74] Anderson E. and Weitz B. The Use of Pledges to Build and Sustain Commitment in Distribution Channels [J]. Journal of Marketing Research，1992，24（2）：18-34.

[75] Antia K. D. and Frazier G. L. The Severity of Contract Enforcement in Interfirm Channel Relationships [J]. Journal of Marketing，2001，65（10）：67-81.

[76] Aulakh P. S. and Gençtürk E. F. Contract Formalization and Governance of Exporter-Importer Relationships [J]. Journal of Management Studies，

2008，45（3）：458-477.

[77] Arrow K. J. The Organization of Economic Activity: Issues Pertinent to the Choice of Market vs. Nonmarket Al-location [J]. U.S. Joint Economic Committee, 1969（1）：59-73.

[78] Agarwal S. and Ramaswami S. N. Marketing Controls and Employee Responses the Moderating Role of Task Characteristics [J]. Journal of the Academy of Marketing Science, 1993, 21（4）：293-306.

[79] Barnard C. The Function of the Executive [M]. Cambridge, MA: Harvard University Press, 1938.

[80] Bagozzi R. R. and Yi Y. On the Evaluation of Structural Equation Models [J]. Journal of the Academy of Marketing Science, 1988, 16（1）：74-94.

[81] Bergen M., Dutta S. and Walker O. C. Jr. Agency Relationships in Marketing: A Review of the Implications and Applications of Agency and Related Theories [J]. Journal of Marketing, 1992（56）：1-24.

[82] Bello D. C. and Gilliland D. I. The Effect of Output Controls, Process Controls, and Flexibility on Export Channel Performance [J]. Journal of Marketing, 1997, 61（1）：22-38.

[83] Bradach J. L. and Eccles R. G. Price, Authority, and Trust: From Ideal Types to Plural Forms [J]. Annual Review of Sociology, 1989（15）：97-118.

[84] Brousseau E. and Glachant J. M . The Economics of Contracts: Theories and Applications [M]. Cambridge University Press, 2002.

[85] Brown J. R., Chekitan S. D. and Lee D. Managing Marketing Channel Opportunism: The Efficacy of Alternative Governance Mechanisms [J]. Journal of Marketing, 2000, 64（4）：51-65.

[86] Cai S., Yang Z. and Hu Z. Exploring the Governance Mechanisms of Quasi-intergration in Buyer-supplier Relationships [J]. Journal of Business

Research, 2009 (62): 660-666.

[87] Cannon J. P., Achrol R. S. and Gundlach G. T. Contracts, Norms, and Plural Form Governance [J]. Journal of the Academy of Marketing Science, 2000, 28 (2): 180-194.

[88] Carbonell P., and Rodriguez-Escudero A. I. Management Control, Role Expectations and Job Satisfaction of New Product Development Teams: The Moderating Effect of Participative Decision-Making [J]. Industrial Marketing Management, 2013 (42): 248-259.

[89] Cavusgil S. T., Deligonul S. and Zhang C. Curbing Foreign Distributor Opportunism: An Examination of Trust, Contracts, and the Legal Environment in International Channel Relationships [J]. Journal of International Marketing, 2004, 12 (2): 7-27.

[90] Campbell D. T. The Informant in Quantitative Research [J]. American Journal of Sociology, 1955, 60 (1): 339-342.

[91] Celly K. S. and Frazier G. L. Outcome-Based and Behavior-Based Coordination Efforts in Channel Relationships [J]. Journal of Marketing Research, 1996, 33 (2): 200-210.

[92] Coase R. The Nature of the Firm [J]. Economics N.S., 1937: 386-405.

[93] Cohen J. and Cohen P. Applied Multiple Regression/Correlation Analysis for the Behavioral Sciences (3nd) [M]. New Jersey: Lawrence Erlbaum Associates, Publishers, 2003.

[94] Crosno J. L. and Brown J. R. A Meta-Analytic Review of the Effects of Organizational Control in Marketing Exchange Relationships [J]. Journal of the Academy of Marketing Science, 2014, 25 (5): 1107-1125.

[95] Challagalla G. N. and Shervani T. A. Dimensions and Types of Supervisory Control: Effects on Salesperson Performance and Satisfaction [J]. Journal of Marketing, 1996 (60): 89-105.

[96] Chen X. P. & Chen C. C. On the Intricacies of the Chinese Guanxi: A Process Model of Guanxi Development [J]. Asia Pacific Journal of Management, 2004, 21 (3): 305-324.

[97] Churchill G. A., Jr. A Paradigm for Developing Better Measures of Marketing Constructs [J]. Journal of Marketing Research, 1979, 16 (1): 64-73.

[98] Churchill G. A., Ford N. M. and Hartley S. W., et al. The Determinants of Salesperson Performance: A Meta-Analysis [J]. Journal of Marketing Research, 1985, 22 (5): 103-118.

[99] Claro D. P., Hagekaar G. and Omta O. The Determinants of Relational Governance and Performance: How to Manage Business Relationships? [J]. Industrial Marketing Management, 2003 (32): 703-713.

[100] Dalton G. W. Motivation and Control in Organizations in Motivation and Control in Organizations, Gene W. Dalton and Paul R. Lawrence, eds. [M]. Homewood, IL: Richard D. Irwin, Inc., 1971: 1-35.

[101] Deci E. L. and Ryan R. M. Intrinsic Motivation and Self-Determination in Human Behavior [M]. New York: Plenum Press, 1985.

[102] Dong M. C., Tse D. K. and Hung K. Effective Distributor Governance in Emerging Markets: The Salience of Distributor Role, Relationship Stages, and Market Uncertainty [J]. Journal of International Marketing, 2010, 18 (3): 1-17.

[103] Dyer J. H. and Singh H. The Relational View: Cooperative Strategy and Sources of Interorganizational Competitive Advantage[J]. Academy of Management Review, 1998, 23 (4): 660-679.

[104] Dwyer F., Robert P. H. and Oh S. Developing Buyer-Supplier Relationships [J]. Journal of Marketing, 1987, 52 (4): 21-34.

[105] Eisenhardt K. M. Control: Organizational and Economic Approaches [J]. Management Science, 1985, 31 (2): 134-149.

[106] EI-Ansary, A.I. and Stern L. W. Power, Measurement in the Distribution Channel [J]. Journal of Marketing Research, 1972, 9 (2): 47-52.

[107] Fan Y. Guanxi's Consequence: Personal Gains at Social Cost [J]. Journal of Business Ethics, 2002, 38 (4): 371-380.

[108] Ferguson R. J., Paulin M. and Bergeron J. Contractual Governance, Relational Governance and the Performance of Interfirm Service Exchanges: The Influence of Boundary-Spanner Closeness [J]. Journal of the Academy of Marketing Science, 2005 (33): 217-234.

[109] Fornell C. and Larcker D. F. Evaluating Structural Equation Models with Unobservable Variables and Measurement Error [J]. Journal of Marketing Research, 1981, 18 (1): 39-50.

[110] Fry L. W., Charles M. F. and Parasuraman A. et al. An Analysis of Alternative Causal Models of Salesperson Role Perceptions and Work Related Attitudes [J]. Journal of Marketing Research, 1986, 23 (5): 153-163.

[111] Gaski J. F. The Impact of Environmental/Situational Forces on Industrial Channel Management [J]. European Journal of Marketing, 1989, 32 (2): 15-30.

[112] Gençtürk E. F. and Aulakh P. S. Norms-and Control-Based Governance of International Manufacturer-Distributor Relational Exchanges [J]. Journal of International Marketing, 2007: 15 (1): 92-126.

[113] Gilliland D. I., Bello B. C. and Gundlanch G. T. Control-based Channel Governance and Relative Dependence [J]. Journal of the Academy of Marketing Science, 2010 (38): 441-455.

[114] Ghosh M. and John G. Governance Value Analysis and Marketing Strategy [J]. Journal of Marketing, 1999 (63): 131-145.

[115] Ghosh M. and John G. Strategic Fit in Industrial Alliances: An Empirical Test of Governance Value Analysis [J]. Journal of Marketing Research, 2005, 42 (8): 346-357.

［116］ Granovetter M. Economic Action and Social Structure: The Problem of Embeddedness ［J］. American Journal of Sociology, 1985, 91 （3）: 481– 510.

［117］ Grant K. and Cravens D. W. Examining Sales Force Performance in Organizations that Use Behavior–Based Sales Management Processes ［J］. Industrial Marketing Management, 1996 （25）: 361–371.

［118］ Grewal R. and Tansuhaj P. Building Organizational Capabilities for Managing Economic Crisis: The Role of Market Orientation and Strategic Flexibility ［J］. Journal of Marketing, 2001, 65 （2）: 67–80.

［119］ Grossman S. J. and Hart O. D. The Costs and Benefits of Ownership: A Theory of Vertical and Lateral Integration ［J］. Journal of Political Economy, 1986, 94 （4）: 691–791.

［120］ Gulati R. Social Structure and Alliance Formation Patterns: A Longitudinal Analysis ［J］. Administrative Science Quarterly, 1995, 40 （4）: 619–652.

［121］ Gulati R. and Sytch M. Does Familiarity Breed Trust? Revisiting the Antecedents of Trust ［J］. Managerial and Decision Economics, 2008 （29）: 165–190.

［122］ Gundlach G. T. and Achrol R. S. Goverance in Exchange Contract Law and its Alternatives ［J］. Journal of Public & Marketing, 1993, 12 （4）: 141–155.

［123］ Gundlach G. T., Achrol R. S. and Mentzer J. T. The Structure of Commitment in Exchange ［J］. Journal of Marketing, 1995, 59 （1）: 78–92.

［124］ Hair J. F., Anderson R. E., Tatham R. L., et al. "Multivariate Data Analysis" ［J］. Englewood Cliffs, N.J.: Prentice–Hall, 1998.

［125］ Hart O. An Economist's Perspective on the Theory of the Firm, In Organization Theory, O.E. Williamson, eds. ［M］. New York: Oxford University Press, 1990.

［126］Hattie J. R. Methodological Review: Assessing Unidimensionality of Tests and Items［J］. Applied Psychological Measurement, 1985, 9（1）: 139-164.

［127］Heide J. B. Interorganizational Governance in Marketing Channels［J］. Journal of Marketing, 1994, 58（1）: 71-85.

［128］Heide J. B. Plural Governance in Industrial Purchasing［J］. Journal of Marketing, 2003, 67（10）: 18-29.

［129］Heide J. B. and John G. Alliances in Industrial Purchasing: The Determinants of Joint Action in Buyer-seller Relationships［J］. Journal of Marketing Research, 1990, 27（2）: 24-36.

［130］Heide J. B. and George J. Do Norms Matter in Marketing Relationships?［J］. Journal of Marketing, 1992, 56（4）: 32-44.

［131］Heide J. B. and Kenneth H. W. Friends, Businesspeople, and Relationship Roles: A Conceptual Framework and a Research Agenda［J］. Journal of Marketing, 2006, 70（3）: 90-103.

［132］Heide J. B., Wathne K. and Rokkan A. I. Interfirm Monitoring, Social Contracts, and Relationship Outcomes［J］. Journal of Marketing Research, 2007, 44（8）: 425-433.

［133］Herna M. and Arcas N. Unilateral Control and the Moderating Effects of Fairness on the Target's Performance in Asymmetric Channel Partnerships［J］. European Journal of Marketing, 2003, 37（11/12）: 1685-1702.

［134］Hirst M. K. Accounting Information and the Evaluation of Subordinate Performance: A Situational Approach［J］. The Accounting Review, 1981, 56（10）: 771-784.

［135］Hofstede G. Culture's Consequences, 2d eds.［M］. Thousand Oaks, CA: Sage Publications, 2001.

［136］Homburg C., Cannon J. P., Harley K., et al. Governance of International Business Relationships: A Cross-Cultural Study on Alternative

Governance Modes [J]. Journal of International Marketing, 2009, 17 (3): 1–20.

[137] Jap S. D. Pie-Expansion Efforts: Collaboration Processes in Buyer-Seller Relationships [J]. Journal of Marketing Research, 1999, 36 (11): 461–475.

[138] Jap S. D. and Anderson E. Safeguarding Interorganizational Performance and Continuity under Ex Post Opportunism [J]. Management Science, 2003, 49 (12): 1684–1701.

[139] Jap S. D. and Ganesan. Control Mechanisms and the Relationship Life Cycle: Implications for Safeguarding Specific Investments and Developing Commitment [J]. Journal of Marketing Research, 2000, 37 (5): 227–245.

[140] Jaworski B. J. Toward a Theory of Marketing Control: Environmental Context, Control Types, and Consequences [J]. Journal of Marketing, 1988, 52 (7): 23–39.

[141] Jaworski B. J. and Macinnis D. J. Marketing Jobs and Management Controls: Toward a Framework [J]. Journal of Marketing Research, 1989, 27 (11): 406–419.

[142] Jaworski B. J., Stathakopoulos V. and Krishnan H. S. Control Combinations in Marketing: Conceptual Framework and Empirical Evidence [J]. Journal of Marketing, 1993, 57 (1): 57–69.

[143] John G. An Empirical Examination of Some Antecedents of Opportunism in a Marketing Channel [J]. Journal of Marketing Research, 1984, 21 (8): 278–289.

[144] John G. and Weitz B. A. Forward Integration Into Distribution: An Empirical Test of Transaction Cost Analysis [J]. Journal of Law, Economics and Organization, 1988, 4 (4): 121–139.

[145] Joshi A. W. Continuous Supplier Performance Improvement: Effects of Collaborative Communication and Control [J]. Journal of Marketing, 2009, 73 (1): 133–150.

[146] Joshi A. W. and Stump R. L. Determinants of Commitment and Opportunism: Integrating and Extending Insights from Transaction Cost Analysis and Relational Exchange Theory [J]. Canadian Journal of Administrative Science, 1999, 16 (4): 334-352.

[147] Kashyap V., Antia K. D. and Frazier G. L. Contracts, Extracontractual Incentives, and Ex Post Behavior in Franchise Channel Relationships [J]. Journal of Marketing Research, 2012 (4): 260-276.

[148] Kim S. K., Stump R. L. and Oh C. Driving Forces of Coordination Costs in Distributor-Supplier Relationships: Toward a Middle-Range Theory [J]. Journal of the Academy of Marketing Science, 2009 (37): 384-399.

[149] Klein B. Why Hold-Ups Occur: The Self-Enforcing Range of Contractual Relationships [J]. Economic Inquiry, 1996, 34 (3): 444-463.

[150] Klein B., Crawford R. A. and Alchian A. A. Vertical Integration, Appropriable Rents, and the Competitive Contracting Process [J]. Journal of Law and Economics, 1978, 21 (10): 297-326.

[151] Klein S., Frazier G . L. and Roth V. A Transaction Cost Analysis Model of Channel Integration in International Markets [J]. Journal of Marketing Research, 1990, 27 (5): 196-208.

[152] Krackhardt D. The Strength of Strong Ties: The Importance of Philos in Organizations [C] //. Nohria N, Eccles R G. (Edited) . Networks and Organizations: Structure, Form, and Action [M]. Boston: Harvard Business School Press, 1992: 216-239.

[153] Larson A. Network Dyads in Entrepreneurial Settings: A Study of the Governance of Exchange Relationships [J]. Administrative Science Quarterly, 1992 (37): 76-104.

[154] Lee D. Y. and Dawes P. L. Guanxi Trust, and Long-term Orientation in Chinese Business Marketing [J]. Journal of International Marketing, 2005, 33 (2): 28-56.

[155] Li J. J., Poppo L. and Zhou K. Z. Do Managerial Ties in China always Produce Value? Competition, Uncertainty, and Domestic vs. Foreign Firms [J]. Strategic Management Journal, 2008 (29): 383–400.

[156] Li Y., Xie E. and Teo H. et al. Formal Control and Social Control in Domestic and International Buyer–supplier Relationships [J]. Journal of Operations Management, 2010 (28): 333–344.

[157] Liu Y., Luo Y. and Liu T. Governing Buyer–Supplier Relationships through Transactional and Relational Mechanisms: Evidence from China [J]. Journal of Operations Management, 2009, 27 (4): 294–309.

[158] Lindell M. K. and Whitney D. J. Accounting for Common Method Variance in Cross–sectional Research Designs [J]. Journal of Applied Psychology, 2001, 86 (1): 114–121.

[159] Luo Y. Contract, Cooperation, and Performance in International Joint Ventures [J]. Strategic Management Journal, 2002, 23 (10): 903–920.

[160] Lusch R. F. and Brown J. Interdependency, Contracting and Relational Behavior in Marketing Channels [J]. Journal of Marketing, 1996, 60 (10): 19–38.

[161] Lusch R. L. and Jaworski B. J. Management Controls, Role Stress, and Retail Store Manager Performance [J]. Journal of Retailing, 1991, 67 (4): 397–419.

[162] Macaulay S. Non–Contractual Relations in Business [J]. American Sociological Review, 1963 (28): 55–70.

[163] Macneil I. R. The Many Futures of Contracts [J]. Southern Califormia Law Review, 1974 (2): 691–816.

[164] Macneil I. R. Contracts: Adjustments of Long–Term Economic Relations under Classical, Neoclassical and Relational Contract Law [J]. Northwestern University Law Review, 1978, 72 (6): 854–905.

[165] Macneil I. R. The New Social Contract [M]. New Haven CT:

Yale University Press, 1980.

[166] Macneil I. R. Economic Analysis of Contractual Relations: Its Shortfalls and the Need for a "Rich Classificatory Apparatus" [J]. Northwestern University Law Review, 1981, 75 (6): 1018–1033.

[167] Merchant K. Control in Business Organizations [M]. Boston: Pitman Publishing, 1985.

[168] Milliken F. J. Three Types of Perceived Uncertainty about the Environment: State, Effect and Response Uncertainty [J]. Academy of Management Review, 1987: 12 (1): 133–143.

[169] Mooi E. A. and Ghosh M. Contract Specificity and Its Performance Implications [J]. Journal of Marketing, 2010, 74 (3): 105–120.

[170] Mooi E. A. and Gilliland D.I. How Contracts and Enforcement Explain Transaction Outcomes [J]. Intern. of Research in Marketing, 2013 (30): 395–405.

[171] Mudambl R. and Helpler S. The "Close but Adversarial" Model of Supplier Relations in the U.S. Auto Industry [J]. Strategic Management Journal, 1998 (19): 775–792.

[172] Noordewier T. G., John G. and Nevin John R. Performance Outcomes of Purchasing Arrangement in Industrial Buyer-vendor Relationships [J]. Journal of Marketing, 1990, 54 (10): 80–93.

[173] North D. C. Institutions, Institutional Change, and Economic Performance [M]. Norton: New York, 1990.

[174] Nunally J. C. and Bemstein I. H. Psychometric Theory [M]. New York: McGraw Hill, 1978.

[175] Oliver R. L. and Anderson E. An Empirical Test of the Consequences of the Behaviorand Outcome-based Sales Control Systems [J]. Journal of Marketing, 1994, 58 (10): 53–67.

[176] Ouchi W. G. A Conceptual Framework for the Design of Organiza-

tion Control Mechanisms [J]. Management Science, 1979, 25(9): 883-848.

[177] Ouchi W. G. and Maguire M. A. Organizational Control: Two Functions [J]. Administrative Science Quarterly, 1975, 20 (4): 559-569.

[178] Park S. H. and Luo Y. Guanxi and Organizational Dynamics: Organizational Networking in Chinese Firm [J]. Strategic Management Journal, 2001, 22 (5): 455-477.

[179] Podsakoff P., MacKenzie S. and Lee J., et al. Common Method Biases in Behavioral Research: A Critical Review of the Literature and Recommended Remedies [J]. Journal of Applied Psychology, 2003, 88 (5): 879-903.

[180] Poppo L. and Zenger T. Do Formal Contracts and Relational Governance Function as Substitutes or Complements? [J]. Strategic Management Journal, 2002 (23): 707-725.

[181] Poppo L. and Zhou K. Z. Managing Contracts for Fairness in Buyer-Supplier Exchanges [J]. Strategic Management Journal, 2014 (35): 1508-1527.

[182] Ping R. A. The Effects of Satisfaction and Structural Constraints on Retailer Exiting, Voice, Loyalty, Opportunism, and Neglect [J]. Journal of Retailing, 1993 (3): 321-350.

[183] Ramaswami S. N. Marketing Controls and Dysfunctional Employee Behaviors: A Test of Traditional and Contingency Theory Postulates [J]. Journal of Marketing, 1996, 60 (2): 105-120.

[184] Rindfleisch A. and Heide J. B. Transaction Cost Analysis: Past, Present, and Future Applications [J]. Journal of Marketing, 1997, 61 (10): 30-54.

[185] Robicheaux R. A, LEI-ansary A. A General Model for Understanding Channel Member Behavior [J]. Journal of Retailing, 1976, 52 (4): 13-32.

[186] Rokkan A. I., Heide J. B. and Wathne K. H. Specific Investments in Marketing Relationships: Expropriation and Bonding Effects [J]. Journal of Marketing Research, 2003, 40 (2): 210-224.

[187] Rousseau D. and Parks J. M. The Contracts of Individuals and Organizations in Research in Organizational Behavior, L. Cummings and Barry Staw, eds. [M]. Greenwich CT: JAI Press, 1993: 1-43.

[188] Ryu S. and Eyuboglu N. The Environment and its Impact on Satisfaction with Supplier Performance: An Investigation of the Mediating Effects of Control Mechanisms from the Perspective of the Manufacture in the U.S.A. [J]. Industrial Marketing Management, 2007 (36): 458-469.

[189] Samaha S. A., Palmatier R. W. and Dant R. P. Poisoning Relationships: Perceived Unfairness in Channels of Distribution [J]. Journal of Marketing, 2011, 75 (5): 99-117.

[190] Sheng S., Brown J. R. and Nicholson C. Y., et al. Do Exchange Hazards Always Foster Relational Governance? An Empirical Test of the Role of Communication [J]. International Journal of Research in Marketing, 2006, 23 (1): 63-77.

[191] Sheng S., Zhou K. Z. and Li J. J. The Effects of Business and Political Ties on Firm Performance: Evidence from China [J]. Journal of Marketing, 2011, 75 (1): 1-15.

[192] Skinner S. J. and Guiltinan J. P. Perception of Channel Control [J]. Journal of Retailing, 1985, 61 (4): 65-88.

[193] Sobrero M. and Schrader S. Structuring Inter-firm Relationships: A Meta Analytic Approach [J]. Organization Studies, 1998, 19(4): 585-615.

[194] Stanko M. A., Bonner J. M. and Calantone R. J. Building Commitment in Buyer-Seller Relationships: A Tie Strength Perspective [J]. Industrial Marketing Management, 2007 (36): 1094-1103.

[195] Stinchcombe A. L. Contracts as Hierarchical Documents, in Orga-

nizational Theory and Project Management, A. L. Stinchcombe and C. Heimer, eds. [M]. Oslo: Norwegian University Press, 1985: 121-171.

[196] Stern L., EI-Ansary A. and Coughlan A. Marketing Channels, 5th eds. [M]. Upper Saddle River, NJ: Prentice Hall, 1996.

[197] Stump R. L. and Heide J. B. Controlling Supplier Opportunism in Industrial Relationships [J]. Journal of Marketing Research, 1996, 33 (11): 431-441.

[198] Su C., Yang Z. and Zhuang G., et al. Interpersonal Influence as an Alternative Channel Communication Behavior in Emerging Markets: The Case of China [J]. Journal of International Business Studies, 2009, 40 (4): 668-689.

[199] Smyth R. C. Financial Incentives for Sales -men [J]. Harvard Business Review, 1968, 46 (1-2): 109-117.

[200] Tsang E. W. Can Guanxi be a Source of Sustained Competitive Advantage for Doing Business in China? [J]. Academy of Management Executive, 1998, 12 (2): 64-73.

[201] Wang Q., Li J. J. and Ross W. T., et al. The Interplay of Drivers and Deterrents of Opportunism in Buyer-supplier Relationships [J]. Journal of the Academy of Marketing Science, 2013 (41): 111-131.

[202] Wathne K. H. and Heide J. B. Opportunism in Interfirm Relationships: Forms, Outcomes, and Solutions [J]. The Journal of Marketing, 2000, 64 (4): 36-51.

[203] Weitz B. A., and Jap S. D. Relationship Marketing and Distribution Channels [J]. Journal of the Academy of Marketing Science, 1995, 23 (4): 305-320.

[204] Williamson O. E. Markets and Hierarchies [M]. New York: The Free Press, 1975.

[205] Williamson O. E. The Mechanisms of Governance [M]. New York:

Oxford University Press, 1985a: 99-108.

[206] Williamson O. E. The Economic Institutions of Capitalism: Firms, Markets, Relational Contracting [M]. New York: The Free Press, 1985b: 56-62.

[207] Williamson O. E. Calculativeness, Trust, and Economic Organization [J]. Journal of Law and Economics, 1993, 36 (1): 453-486.

[208] Williamson O. E. Transaction Cost Economics and Organization Theory, NJ, Swedberg R (eds). Economic Sociology [M]. Princeton University Press: Princeton, NT, 1996: 77-107.

[209] Williamson O. E. and Ouchi W. G. The Markets and Hierarchies Program of Research: Origins, Implications, Prospects, in Perspectives on Organization Design and Behavior, A. H. Van de Ven and W. F. Joyce, eds. [M]. New York: John Wiley & Sons. Inc., 1981: 347-370.

[210] Wuyts S. and Geyskens I. The Formation of Buyer-Supplier Relationships: Detailed Contract Drafting and Close Partner Selection [J]. Journal of Marketing, 2005, 69 (4): 103-117.

[211] Xin K. R. and Pearce J. L. Guanxi: Connections as Substitutes for Formal Institutional Support [J]. The Academy of Management Journal, 1996, 39 (6): 641-1658.

[212] Yang C. F. Psychocultural Foundations of Informal Groups: The Issues of Loyalty, Sincerity, and Trust in Chinese Political and Business Organizations [D]. Working Paper, Chinese Management Centre, The University of Hong Kong, 1998.

[213] Yang Z., Zhou C. and Jiang L. When Do Formal Control and Trust Matter? A Context-Based Analysis of the Effects on Marketing Channel Relationships in China [J]. Industrial Marketing Management, 2011 (40): 86-96.

[214] Yen D. A., Barnes B. R. and Wang C. L. The Measurement of Guanxi: Introducing the GRX Scale [J]. Industrial Marketing Management,

2011 (40): 97-108.

[215] Yu C. J, Liao T. and Lin Z. Formal Governance Mechanisms, Relational Governance Mechanisms, and Transaction-Specific Investments in Supplier-Manufacturer Relationships [J]. Industrial Marketing Management, 2006 (35): 128-139.

[216] Zaheer A. and Kamal D. F. Creating Trust in Piranha-Infested Waters: The Confluence of Buyer, Supplier and Host Country Contexts [J]. Journal of International Business Studies, 2011 (42): 48-55.

[217] Zhuang G., Xi Y. and Tsang A. Power, Conflict and Cooperation: The Impact of Guanxi in Chinese Marketing Channels [J]. Industrial Marketing Management, 2010 (39): 137-149.

[218] Zhang Q. and Zhou K. Z. Governing Interfirm Knowledge Transfer in the Chinese Market: The Interplay of Formal and Informal Mechanisms [J]. Industrial Marketing Management, 2013, 42 (5): 783-791.

[219] Zhou K. Z. and Poppo L. Exchange Hazards, Relational Reliability and Contracts in China: The Contingent Role of Legal Enforceability [J]. Journal of International Business Studies, 2010, 69 (5): 42-60.

[220] Zhou K. Z., Poppo L. and Yang Z. Relational Ties or Customized Contracts? An Examination of Alternative Governance Choices in China [J]. Journal of International Business Studies, 2008, 39 (3): 526-534.

[221] Zhou K. Z. and Xu D. How Foreign Firms Curtail Local Supplier Opportunism in China: Detailed Contracts, Centralized Cntrol, and Relational Governance [J]. Journal of International Business Studies, 2012 (43): 677-692.

[222] Zhou K. Z., Zhang Q. and Sheng S., et al. Are Relational Ties Always Good for Knowledge Acquisition? Buyer-supplier Exchanges in China [J]. Journal of Operations Management, 2014 (32): 88-98.

后　记

本书是在我博士论文的基础上修改完成的，它凝聚着读博期间导师的教诲，家人、亲朋的期望和温暖，以及我的汗水。感谢我的母校——东北财经大学，由于儿时对大海的向往，乘着高考的东风，来到了美丽的海滨城市大连，来到了四季如画的东财。我爱东财校园的春之盎然，夏之朦胧，秋之灿烂，冬之诗意。在这花园般的校园里，岁月流转，时光匆匆而逝，不知不觉中，我在这不足一万亩的地方，一待就是10多年，度过了本科、硕士和博士阶段，成为一名地地道道的"小土鳖"。一路走来，除了自己的那份坚持，感谢身边的所有人，因为你们，才让如此平凡的我，能够如此的幸运。

感谢我的导师夏春玉教授。在我心中，夏老师既是一位严师，又是一位慈祥可亲的长辈。在跟随夏老师攻读硕士和博士学位的7年里，深刻感受到了老师高瞻远瞩的视角、严谨求实的学风、深厚精专的学术造诣和低调谦和的处世态度。夏老师善于用一些简单、平实的语言揭示学习和生活中一个个复杂而深奥的道理，自己有时不能立即领悟其中的奥妙，事后细细揣摩，顿时觉得醍醐灌顶，豁然开朗。老师承担着重要的行政工作，日理万机，但学习期间，每次向老师提交论文，老师无不逐字逐句地批改、斧正，并和我进行深入的沟通和交流，受益良多。生活中的很多细节，从未向老师提起，他却能全部洞悉。学习之余，老师空闲时，与师母还曾带着我去郊游，或者召集我们这些小字辈一起吃饭，用他特有的方式尽可能地关心和帮助我成长。一直以来，我认为能够成为夏老师的学生，将会是

171

我一辈子的荣幸。

　　感谢我的副导师张闯教授。在我眼里，张老师既是治学严谨的老师，又是令人敬重的兄长。张老师严谨认真、不断进取的学术精神和高尚的道德修养、职业操守，为我树立了光辉的学习榜样。在硕士和博士阶段的学习中，是张老师教会我如何进行规范的科学研究，并引领我进入渠道治理研究领域。学习期间的每一次作业、习作以及现在的博士论文文稿，从选题、研究方法到写作规范都凝结着张老师的智慧和辛劳。在生活中，我和杜楠都知道若遇到自己实在解决不了的问题，找张老师就解决了，张老师好像有个哆啦A梦的神奇口袋，任何棘手的问题，都能立即找到最佳的解决办法。感谢张老师，在我学习和生活的岔道口上，一次次地给予了我最好的建议和最无私的帮助，能够成为您的学生，将是我一辈子的幸运。

　　感谢的我父母，特别是我的母亲。感谢爸爸妈妈从小到大给予我宽松、自由的成长环境，支持和鼓励我寻找内心的声音。无论遇到任何困难和挫折，他们都是我避风的港湾，为我提供强大的精神支持和充足的物质保障。谢谢爸爸妈妈，你们与人为善，善于进取的精神将是我一辈子的财富。

　　感谢我的同门师兄杜楠，我们虽然是夏老师带的硕士的同届门生，但他的理论功底要比我扎实很多，无论是平时习作，还是博士论文，他给予我很多有价值的参考建议，帮助我解决了很多重大难题。平时生活中，他总是用诙谐幽默的语言帮我化解一个个纠结的事情。感谢硕士和博士阶段能和你一同成长。

　　感谢师门大家庭里的所有人，谢谢李文静师姐、徐健师兄、任博华师姐、杨宜苗老师、秦建群师兄、汪旭晖师兄、李健生师兄、毕可贵师兄、吕怀涛师兄等对我的帮助和鼓励，让我感到一种浓浓的亲情与温暖。感谢小师妹林让，特别是师弟李哲，在论文写作过程中帮我分担了很多团队的工作，提供了很多帮助。此外，我要特别感谢工商管理学院的王天春老师，远在宁夏的马家骅老先生，我的好朋友赵锐、刘静在我人生低谷时，给予我的帮助和温暖，以及我的室友邓菁和周凤珍老师在博士论文写作低潮时给予我的正能量。

感谢读博经历，虽然目前自己还有很多不足，交出的答卷也不甚完美，但是，博士阶段经历的所有事情，都将会成为我今生一笔巨大的财富，它让我学会了要勇敢面对生活中的困难和自己的不足，以一颗平常心工作和生活。

此外，特别感谢北方民族大学商学院杨保军院长对我工作上的指导和关心，经济管理出版社对本书出版给予的大力支持。

在这里再次衷心感谢所有帮助过我的人，谢谢！

田　敏

2016 年 9 月